日本列島地名の謎を解く

地名が語る日本のすがた

谷川彰英
ノンフィクション作家
（地名作家）・
筑波大学名誉教授

東京書籍

日本列島　地名の謎を解く

―地名が語る日本のすがた―

まえがき

地名には謎解きのような面白さがある。人は地名なくして一日も暮らせないにも関わらず、普段は日常性の中に埋もれて気にとめることもない。しかし、そもそも地名が「人」によって命名されたものである以上、一つひとつの地名には人々のその土地への思いや願いが込められている。地名からその土地に刻み込まれた歴史を掘り起こし、その奥に潜む古人の息吹をかぎ分けるのは限りなくミステリアスで楽しい。

本書では全国のめぼしい地名を取り上げて、その由来を掘り下げ当時の思いや願いを探っていく。読者の皆さんには「へぇ、ここにはそんな歴史があったのか！」「そんな意味があったのか……」と感じていただければ嬉しい。それが第一歩である。

ただそれだけで終わってほしくはない。地名を研究するということは日本列島の在り方、そしてそこに住む我々日本人の生き方への問いかけでもある。

私が地名研究の必要を感じたのは、今から半世紀近くも前に千葉大学教育学部に赴任した時であった。附属小学校や中学校の子どもたちに接してみたのだが、彼らが自分たちの住んでいる千葉市や千葉県の歴史に余りにも無知無関心であることに驚いた。「いったい君たちは何人《なにじん》？」——そこで私は学生たちの協力を得ながら中世の名族と謳われた千葉氏、とりわけ千葉常胤《つねたね》の生涯をドラマ化した授業「千葉」を附属小で実施した。これが私の地名研究の第一歩であった。

それから数十年の歳月が流れ、多くの地名関連著書も出してきたが、一貫して貫いてきたのは現地調査主義とも言うべき姿勢だった。まず現地の図書館で文献調査を行い、その後カメラをぶら下げて現地を歩く。図書館の都合で利用できなかったこともあったが、それは例外中の例外で、文献調査と現地調査は私の地名研究では不可欠の2点セットだった。

私の本を読んで「地名放浪記」「地名探訪記」のような印象を受ける人が多いのはそのためであろう。それにしてもよく歩いたものだと、今更ながら感心する。

私の表向きの職業は大学教員で、千葉大学から筑波大学に移り最後は理事・副学長を務める破目になったが、平成21（2009）年に退職してからは自由なノンフィクション作家として好きな地名の本を書きたいと考えた。巻末の「地名関連著作一覧」で示すように多くの本を世に送ることができた。また大学の管理職時代にはタブーであったテレビ出演も解禁され、ＮＨＫの「日本人のおなまえ」をはじめ民放各社の番組への出演も相次いだ。確かに私の第2の人生は順調に進んでいるように見えた。しかし、その裏に10万に一人か二人しかかからないという難病が潜んでいるとは夢にも思わなかった。

平成30（２０１８）年2月に体調を崩し、翌年ＡＬＳ（筋萎縮性側索硬化症）と宣告された。前年発症してから次第に歩行が困難になってきていたので覚悟はできていた。本書で紹介した鎌倉の「二階堂」「雪ノ下」、それに「平塚」などの取材は、半ばよろけながらの取材だった。これが最後の取材になるかもしれない……そんな予感はあった。

「でも先生、先生にはこれまで書きためた記事がたくさんあるので、それを1冊にまとめましょう」

入院中のベッドの前である編集者が提言してくれた。私の頭に浮かんだのはすでに10年以上連載を続けてきた雑誌『ＢＡＮ』（全国の警察職員向け月刊誌・「株式会社教育システム」発行）とごく最近連載した全国商工新聞（「全国商工団体連合会」発行）であった。「うん、これならいける！」と確信し、作業もある程度進んだのだが、その後編集者の都合で作業はストップしてしまった。このままでは「幻の一冊」になりかねない！

　そんな思いでいた時、思いもかけず「幸福」を届ける手紙が舞い込んできた。差出人は東京書籍の川畑慈範前社長であった。趣旨は私が書いた記事を読んで自分の祖先のことがわかったというものだった。川畑前社長が北海道生まれで北海道育ち、さらに北大ご卒業だということは伺っていた。

　お手紙によると川畑前社長はご自身のルーツが福井県であることは知っていたが、なぜどのような経緯で渡道したのかについてはわからなかったという。ところが、私が「幸福駅」の「福」は福井県の「福」であること、福井県大野郡（現大野市）の村人たちが北海道に移住したのは九頭竜川の度重なる氾濫によって土地を奪われたからであると書いたのをご覧になって、ご先祖が渡道した理由と経緯がわかったという趣旨のお便りだった。

　これまで書いてきた地名の記事の数は1000本に近いと推定されるが、このような感動的なお便りをいただいたのは初めてであった。この話が千石雅仁社長に伝わり、それが機縁になって東京書籍で本書を出版いただけることになった。一時「幻の一冊」になろうとしていた本書は「奇跡の一冊」に生まれ変わった。

改めて川畑慈範前社長、千石雅仁社長に感謝申し上げます。

なお本書は私の地名作品の集大成という位置づけだが、収録したのはそのほんの一部に過ぎない。地名研究に要する参考文献は膨大な数に上るので、本書では参考文献を並べる代わりに私の「地名関連著作一覧」を掲載させていただいた。本書に関する参考文献についてはそれぞれの項目に明記してあるので、ご了解いただきたい。

令和3（2021）年8月

谷川彰英

目次／日本列島 地名の謎を解く ―地名が語る日本のすがた―

第1章

聞いてびっくり！ユニークな地名

1 宮本武蔵【みやもとむさし】（岡山県美作《みまさか》市）

こんな駅名があっていいのか⁉

数年前のことである。京都から特急「はくと」に乗って、鳥取に向かっていた。眠気が覚めてふと車窓の駅の看板を見てびっくり！

何と駅名が「宮本武蔵」なのである！「こんな駅名があっていいのか⁉」と思ってはみたものの、所在地は美作市で、宮本武蔵生誕地と言われている。

そこで今回はわざわざ智頭《ちず》急行に乗って「宮本武蔵駅」に降りることにした。

「次は――宮本武蔵、宮本武蔵――」。車内アナウンスが強烈だ！

駅は無人駅で平成6（1994）年にできたものでまだ新しく、ホームの壁に武蔵の像が描かれている。

「武蔵の里」は駅から歩いて十数分の所にあるという。いったいどんな史跡が待ち構

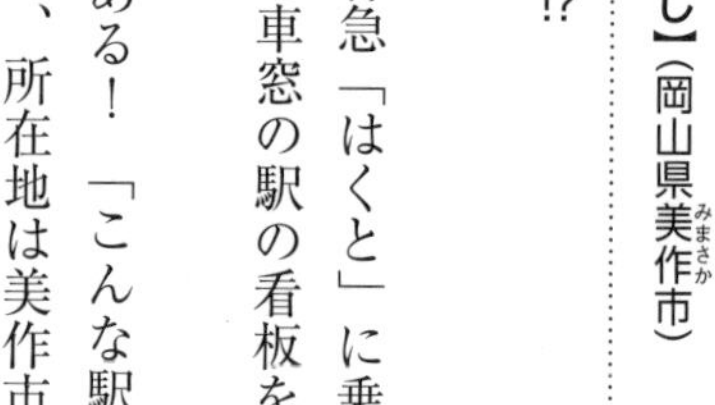

宮本武蔵駅にある武蔵像

えているのか、こんな時はいつも心がわくわくする。

　徒歩十数分で武蔵の里に着いてみると、日曜日だったせいか、大勢の観光客がバスを連ねゾロゾロ……。

　あっ、これは……、と直感的にわかってしまった。この武蔵の里は観光用に売り出しているものだった。

　宮本武蔵の生誕地に関しては複数の候補地があって、どこであるかは諸説あって定まらない。

　美作市のこの地は有力な候補地であることは確かだが、ここであるという確証はない。「宮本武蔵生誕の地の碑」もあり、生誕の家もあるが、この家も昭和の初期に建て替えられたもの。武蔵神社があり、武蔵の墓もあるが、神社は昭和46（1971）年に寄付金を募って建立したもので、墓も明治時代に造られたものであるという。

　美作のこの地に生まれたという説は、実は吉川英治の小説『宮本武蔵』に「郷里の作州《さくしゅう》宮本村」と書かれていたことからさらに広まったという。しかし、これはあくまでも小説上の話。

　武蔵は自著『五輪書』で、「生国播磨《しょうこくはりま》」と書いている。これが唯一の証拠である。「播磨国」は現在の兵庫県西南部であり、「美作国」はその隣で、現在は岡山県である。

　武蔵の里はいささかがっかり気味だったが、智頭急行は面白い。智頭駅の一つ手前に「恋山形《こいやまがた》」という駅がある。10年近く前にリニューアルして「恋のかなう駅」として売り出したという。

　駅舎全体がピンク色で、恋を届けるポストや、恋をかなえる神社もホームの上にある。「恋」を使った駅名は全国でこの「恋山形駅」以外に「母《ぼ》恋《こい》駅」（北海道）、「恋し浜駅」（岩手県）、「恋ヶ窪駅」（東京都）しかないそうだ。「恋」を使ったのは、田舎を出ていった若者たちに「帰ってこい」という願いからつけたものだという。ちょっと切ない。

2 南蛇井【なんじゃい】（群馬県富岡市）

次の駅は――「なんじゃい、なんじゃい――」？

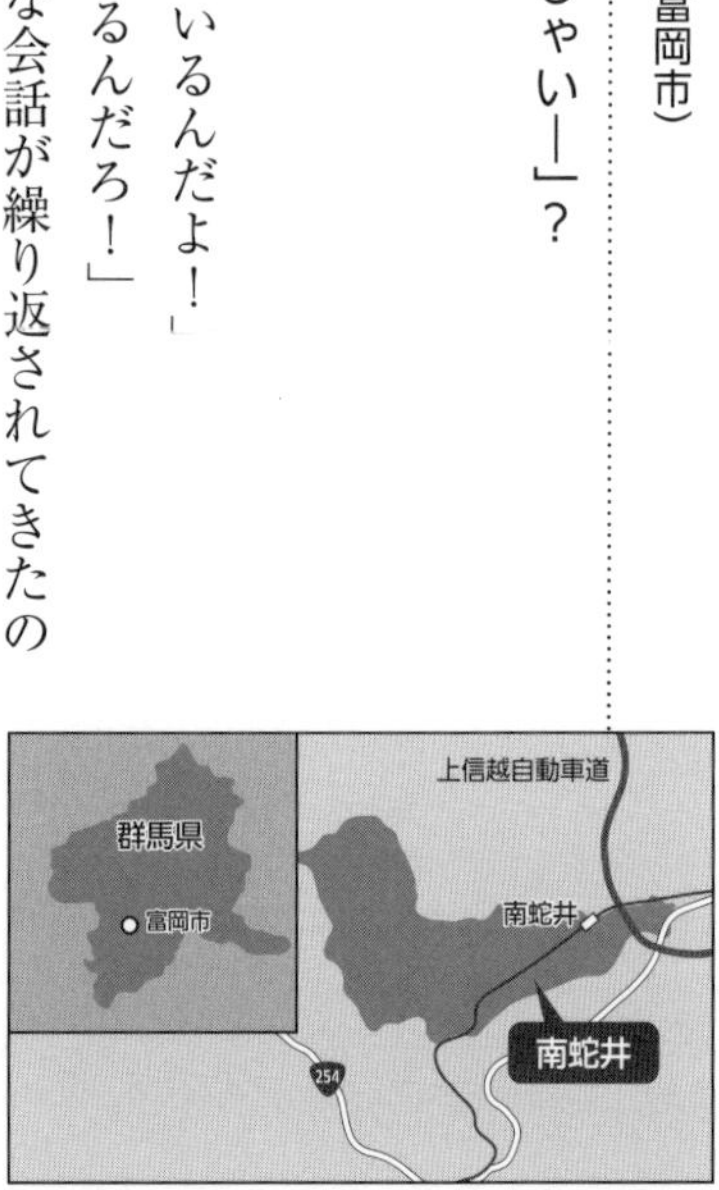

「おたく、どこの生まれだい？」
「なんじゃい」
「だから、どこの生まれだと訊いているんだよ！」
「だから、なんじゃい、だと言ってるんだろ！」

漫才のネタのような話だが、こんな会話が繰り返されてきたのだろう。

高崎駅からネギで有名な下仁田《しもにた》駅まで2両編成のローカル線が走っているが、これが「上信電鉄」だ。世界遺産に登録された富岡製糸場には「上州富岡駅」で降りる。「南蛇井駅」はさらに五つ先だ。

きれいに清掃されたホームに晩秋の風がかすかに通り抜けていく。

「南蛇井」の由来として、暖かくなると南にある沼（井）に蛇が集まってくるからだ

晩秋の趣が漂う南蛇井駅

という話を聞いた。よくある俗説である。

「ナンジャイ」という音は律令時代、この地が「甘楽《かんら》郡」の13郷の一つ「那射《なさ》郷」と呼ばれていたことに由来するという。水戸藩主徳川光圀公に始まり、明治になって完成した『大日本史』には、「那射、今ノ南蛇井村」と記されている。これで決まりである。

しかも、近世においては「南才」「南才井」（ナンサイ、ナンザイ）と書いたものが多いという。そうすると、「ナンザイ」が「ナンジャイ」に転訛《てんか》するのはごく自然のことと言える。

問題は「南才」の「才」をなぜ「蛇」に変えたかである。ヒントはタクシーの運転手さんの一言にあった。

「この近くには『蛇崩《じゃくずれ》』という地名もありますよ」

「蛇崩」とは言わずもがな、典型的な「崩壊」地名である。近世以前の山村にとっては、崖崩れは最も怖い災害の一つであって、それは地下にいる大蛇が怒って起こる現象だとも考えられていた。

南蛇井は信州との県境から流れ来る鏑《かぶら》川沿いに広がる河岸段丘にあって、その段丘に沿って「蛇崩」「蛇喰《じゃばみ》」などの小地名があちこちに残っているという。

おまけに、近くには「蛇宮《じゃぐう》神社」という神社まである！　鏑川に潜んでいた大蛇が現れて村の神になったという話だが、これは災害には関係なく、いわゆる蛇信仰に属するものだ。

古来、蛇は人々の信仰の対象であった。人間には考えられないほどの能力を持っていたとされ、それが時には土砂崩れを起こし、また時には悪弊を追いやって村人に安寧をもたらすと考えられてきた。

その意味では「南才井」を「南蛇井」に変えることに問題はなかった。「南蛇井」……すごいじゃないか！　いつまでも残したい大切なメッセージだ。

3 極楽【ごくらく】（愛知県名古屋市）

極楽行きのバス停か？

名古屋市に「極楽」という町名がある。「ごくらく」と読むことになっているから、ちょっと大変だ。「あんたどこに住んでるの？」「極楽です」というのも笑えるが、「どこから来ました？」と訊かれて「極楽から」と答えるのもユーモアがあっていい。

場所は「名東《めいとう》区」といって、文字通り「名古屋の東」にあり、長久手《ながくて》市や日進《にっしん》市に接している。高台になっており、新しい高級住宅街が連なる一帯である。

もともとこの中心地は「高針《たかばり》村」と呼ばれていた所で、今でも「高針一〜五丁目」「高針台一〜三丁目」がある。

名古屋には「針」に関する地名が多い。地下鉄鶴舞《つるまい》線に「平針《ひらばり》」という駅があるが、「針」を「縫い針」と考えたら、とんでもない誤解になる。「針」は「ハリ」「バリ」「ハル」

に漢字をあてがっただけで、もとは「開墾地」という意味である。

さてこの「極楽」だが、町名になったのはごく最近のことで、昭和54（1979）年に猪高町《いたかちょう》大字高針から「極楽」となってつくられた町名である。ところが、この猪高村には昔からこの「極楽」という小字があったそうで、『猪高村誌』には、次のような話が載っている。

名古屋市の西側は西庄と呼ばれる低地が続き、木曽川・庄内川などの度重なる洪水で多くの被害を受けてきた。そこで、住民は安住の地を求め、山深からず、水多からずのこの高針の地を発見して、ここを安住の地と決め、「極楽」とした。

確かに名古屋市の西部から濃尾平野にかけての輪中地帯は古来多くの洪水に悩まされ、また今は津波や高潮の恐怖にさらされている地域である。

低地の人々が高台に移住し、そこで開墾したことから「高針」という地名が生まれたとなると見事につじつまが合う。

現地を歩くとどこを見ても「極楽」が目立つ。「極楽小学校」「極楽保育園」「特養老人ホーム極楽苑」なんてものまである。生まれてから亡くなるまですべて「極楽」でまかなえる所は広い日本でもここだけであろう。

ふと見ると「極楽のりば」というバス停を発見！　一瞬「ここから乗ると極楽に行けるのか!?」と思ったのだが、真実は「この極楽から乗る」という当たり前の話だった。
名古屋市にはもう一つユニークな町名がある。南区にある地名だが、名鉄常滑《とこなめ》線に「道徳駅」というのがある。駅を降りると「道徳銀座」「道徳交番」があり、「道徳公園」の横には「道徳小学校」がある。

「極楽」行き乗り場？

「道徳」の由来は、文化9（1812）年、それまであった御替《おかえ》地《ち》新田を「道徳新田」に改称したことによる。「道義を以て徳を施す」という趣旨でそういう名前になったという。名古屋人のユーモアである。

4 輪島【わじま】（石川県輪島市）

島ではなく「鷲《わし》魔《ま》」だった！

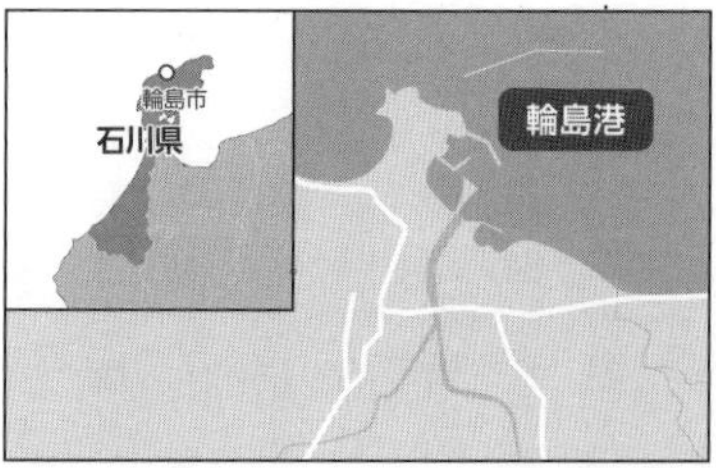

平成21（2009）年4月25日、輪島市に新しい歴史が刻まれた。石川県輪島市出身のマンガ家、永井豪の記念館がオープンしたのだ。

永井豪と言えば「ハレンチ学園」「デビルマン」「キューティーハニー」「マジンガーZ」など数々のヒット作で一世を風靡《ふうび》した世界的に知られたマンガ家である。

永井豪の他の追随を許さぬ特長はと言えば、「デビルマン」に象徴されるような「悪魔」の世界である。

日頃はおとなしい高校生として過ごしている不動明が、突如「悪魔人間（デビルマン）」に変身する。人間の隠れた悪の側面を見事に描いている作品である。それは「バイオレンスジャック」「手天童子」「魔王ダンテ」などでも一貫している。

このような悪魔の世界は「小さい頃育った能登の輪島に関係しているか」と本人に訊いたことがある。その時は「特にない」との答えだった。

「輪島」は「島」にちなんだ地名に見えるので、輪のようになっている島であるかと思ってしまう。ところが、この「輪島」に関しては面白い伝説があることがわかった。それは昔、ここに鷲《わし》の悪鳥が棲んでいたという話である。つまり、「鷲魔」から「輪島」に転じたというのである。

これは面白い！　と思わず膝をたたいてしまった。永井豪の「悪魔」は「鷲魔」だったという説が成り立つということになる。もちろん永井さんご自身、そんなことをネタにマンガを描いてきたのではないことはわかりきっている。

しかし、多感な幼少期を過ごした永井少年の心に、この「鷲魔」の話がいつのまにか棲みついていたのかもしれない。そう考えてくると、矢も盾もたまらず、その足で市の図書館に行って調べてみた。

「昔鷲の悪鳥住しより鷲魔の名あり」と書いているのは、昭和６（１９３１）年、石川県図書館協会が刊行した『能登名跡志』である。「鷲の悪鳥」というのが何とも言えず刺激的である。どうしても「デビルマン」「魔王ダンテ」を連想してしまう。偶然と

かつては六斎市だった輪島の朝市

はいえ、やはり永井豪は「鷲魔」の出身なのだ。

この『能登名跡志』には、「此輪島は国府同事の處にて、諸商に便よく四九の日市《いち》あり」と記されている。意味は、国府と同じような所で、様々な商業の便がよく、四の日、九の日に市が立つ、ということである。

この種の市は「六斎市《ろくさいいち》」と呼ばれ、毎月四と九のつく日（6日ある）に市が立つという意味である。輪島の朝市は全国にその名を馳《は》せているが、もともとは四九の市だったのである。今は一部の日を除き、毎日、朝市が開かれ、多くの観光客を呼んでいる。

5 己斐【こい】（広島県広島市）

鯉が「己斐」になった理由

広島県と言えば広島東洋カープだ。かつては古葉監督のもと、山本浩二選手や衣笠祥雄《さちお》選手などの名選手を抱えて日本一に輝き、2016〜18年はリーグ3連覇を果たした。その球団の愛称は「カープ」である。「カープ」とは英語で「鯉」の意味である。いったい、なぜ「広島」が「カープ（鯉）」なのか？　その謎解きの旅に出た。

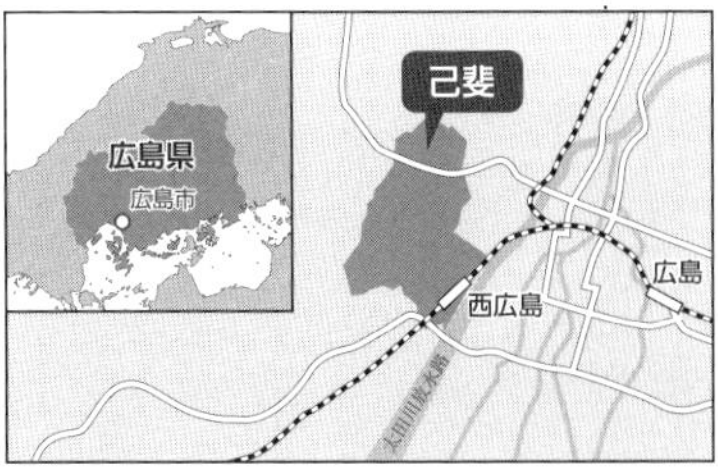

すでにお気づきのように、「カープ」の裏に隠されているのは広島市内にある「己斐」という地名である。JR山陽線で「広島駅」を出て下関方面に向かうと、最初の駅が「西広島駅」である。太田川放水路の西側が広島市の「西区」になっているが、この「西広島駅」付近から八幡川沿いに広がる地域が「己斐村」であった。鎌倉期から明治に至るまで「己斐村」として長い歴史を刻んできたが、明治44（1911）年に「己斐町」、さ

らに昭和4（1929）年に広島市に編入されて今日に至っている。

さて、この「己斐」という地名も難読地名の一つに挙げられよう。これだけでは何のことやら見当もつかない。しかし、この「己斐」がもともと「鯉」だったとしたら、いきなりわかりやすい地名となる。

ここにはこんな伝承が隠されている。昔、神功皇后《じんぐうこうごう》が西国の熊襲《くまそ》征伐に向かった折、ここに船を停めて滞在した。その時、県主《あがたぬし》（当時の土地の支配者）が大きな鯉を献上したところ、皇后がたいそう喜ばれ、それにちなんで「鯉村《こい》」と名づけたのだという。

西日本にはあちこちに神功皇后の伝説が残されているが、この地の話もその一つ。確かなことはわからないが、そのようなことがあったと考えていいだろう。

その「鯉村」がなぜ「己斐村」に変わったのか。それは奈良時代の初め、元明天皇が全国の風土記を編集するに当たって、それまであった国・郡・郷などの地名を「好き字《よ》」に改めよという勅令を出したことによる。奈良時代から平安期にかけて、全国的に地名が「好字《こうじ》」でしかも二字で表記することになった。

今日全国の多くの地名が漢字二字であることは、この1300年前の政策の名残である。しかも、「好字」を使えということで、それも浸透している。

「己斐」という地名もそのような背景を知れば理解できよう。現在の太田川放水路も昔は「己斐川」と称していたとのこと。さらに驚いたのは、先に紹介した「西広島駅」も昔は「己斐駅」だったというのである。ところが、昭和44（1969）年、「己斐」がなかなか読めないという理由で、「己斐駅」を「西広島駅」に変えてしまったのだ。何とも情けない話である。こういうことの繰り返しで、我が国の地方文化のアイデンティティーは失われてきた。

鯉城と呼ばれる広島城

　この「己斐」（鯉）は広島のシンボルで、毛利輝元築城になる広島城も別名「鯉城《りじょう》」とも呼ばれている。これもこの地が「己斐浦」であったことにちなむものである。

6 桑原町【くわばらちょう】（京都府京都市）

「くわばら、くわばら」発祥の地

京都には由緒ある古い地名が多く残されているが、その中に「桑原町」という何の変哲もない町名がある。太秦《うずまさ》に蚕の社《やしろ》という小さいが重要な神社があることでわかるように、京都は養蚕発祥の地でもあるので、「桑原」などという地名はちっとも面白くないと言われてしまいそうだ。

だが、ここにはある日本語の起源となった隠された歴史が潜んでいる。その謎を解き明かしてみよう。

平安時代の初期に菅原道真《すがわらのみちざね》（845〜903）という当代一流の人物がいた。貴族であり学者であり、政治家でもあった。32歳の年、文章《もんじょう》博士（大学寮の教官）となり、一躍その名を知られたが、さらに宇多天皇に重用され右大臣にまで上りつめた。

宇多天皇を継いだ醍醐天皇の時代にも昇進を続けるが、ライバルとして覇を競ってい

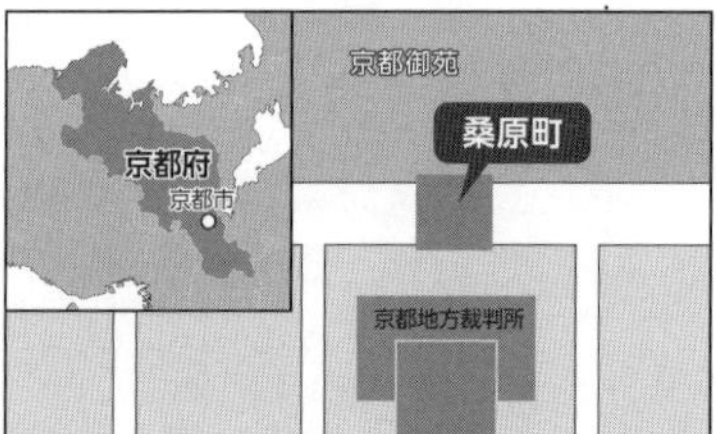

た藤原時平の讒言《ざんげん》によって九州大宰府に左遷されることになった。時に昌泰《しょうたい》４（９０１）年のことである。道真は失意のまま大宰府に謹慎していたが、２年後の延喜《えんぎ》３（９０３）年２月25日、大宰府で亡くなった。

ところが、道真が亡くなると、讒言をしたと言われる時平が病死したのをはじめ、道真失脚の首謀者が狩りの最中、泥沼に沈んで死亡するなど不穏な出来事が相次いで起こった。そして延長《えんちょう》８（９３０）年には落雷で清涼殿が焼け、道真失脚に加担した者など多くの死傷者が出たが、これらはいずれも道真の祟《たた》りだと都では恐れられたという。

実は冒頭で紹介した桑原町は道真の領地だった所で、落雷で脅かされた都の中で、唯一雷が落ちなかったと伝えられている。

そこから、人々は雷が鳴ると「くわばら、くわばら」と言って難を逃れるようになったのだという。

これが「くわばら、くわばら」の語源だが、京都以外にもその言い伝えがある所が各地にある。

大阪和泉郡の桑原では、井戸に雷が落ちた後すぐふたをして雷が出られないようにしたところから、このようなまじないの言葉が生まれたという伝承がある。

桑原町前にある京都地方裁判所　道路の反対側が京都御苑。

桑原町は御所の南を東西に走る丸太町通りの一角に位置している。住人ゼロ。道路だけで、標識も何も存在しない不思議な街だ。ここが「くわばら、くわばら」の語源の地とは摩訶《まか》不思議な感じさえする。

この話は平成28（2016）年12月1日にオンエアされた「NMBとまなぶくん」という番組（関西テレビ）で授業を行った時のネタのひとつだった。「……ということで、『くわばら、くわばら』という日本語が生まれました」と得意満面に解説したのだが、NMB48の女子たちは「ポカーン……」。思わずスタジオに緊張が走った。「くわばら、くわばら」という言葉自体聞いたことがないのだという。

時代は移ろっているということか。

7 おとめ山【おとめやま】（東京都新宿区）

おとめ山に「乙女」がいなかった理由

新宿区には東京が誇る名峰（?）「おとめ山」がある。「おとめ山」と聞くとどうしても「乙女山」をイメージしてしまう。やはり何か香《かぐわ》しい山のようなのだ。

山手線の「高田馬場駅」から「目白駅」方面に向かうとすぐ「神田川」を渡ることになる。この辺は「落合」という地名だが、「落合」は川と川が合流する所につけられる地名である。ここは「神田川」と「妙正寺《みょうしょうじ》川」が合流する地点なのである。

神田川を渡って「新目白通り」を越えて坂道を登り始めた所に「おとめ山公園」がある。「おとめ山通り」を挟んで二つのエリアに分かれているが、東京のど真ん中にしてはかなりの広さを誇っている。

この公園にどんな乙女が住んでいたかと、いらぬ期待を抱いてしまうが、実はこの「お

とめ山」、「乙女」とは縁もゆかりもない。この辺一帯が江戸時代は将軍の「狩り場」だったことから「御留山《おとめやま》」「御禁止山《おとめやま》」と呼ばれていたことに由来する。

明治になって御留山の周辺は近衛家の所有になったが、大正に入って現在のおとめ山公園を含む西半分を福島県の相馬家が取得して回遊式庭園を改造したと言われる。今もその一部が公園内に残っている。

この庭園の左手におとめ山の山頂（？）があるが、山頂には小さな四阿《あずまや》が建てられており、その脇に「おとめ山讃歌」の看板があった。

山を上れば林間広場　緑を縫って小鳥とぶ　山を下れば泉の広場
谷の襞《ひだ》から清水わく　野鳥の森の歌声響き　弁天池にはカモ遊ぶ
先人遺《のこ》せしおとめ山　遥か未来へ伝えたい

平成11（1999）年に「おとめ山の自然を守る会」が建てたものである。

弁天池に流れ込むのは、東京都区内では貴重な存在となった湧水である。わずかだが山腹（？）から湧水が出ている。平成15（2003）年「東京の名湧水57選」に指定さ

山頂にひっそりたたずむ四阿

れている貴重な水である。その水を活用して、このおとめ山ではホタルの養殖が行われており、毎年7月には「ホタル観賞会」が開催されているという。

おとめ山の裏手の坂を相馬家にちなんで「相馬坂」と呼んでいる。「相馬」という地名は今は福島県の相馬市一帯を指しているが、もとはといえば、千葉県流山市一帯を「相馬」（下総国《しもうさのくに》相馬郡）と呼んでいたことによる。「相馬小次郎」といえば平将門のことだが、この平氏の一族である相馬重胤《しげたね》が今からおよそ700年前に陸奥《むつ》に移住してできた地名である。

千葉県と福島県が東京の「おとめ山」でつながってくるというのも地名の醍醐味《だいごみ》だ。

8 男女川【みなのがわ】（茨城県つくば市）

これぞ地名の極意！

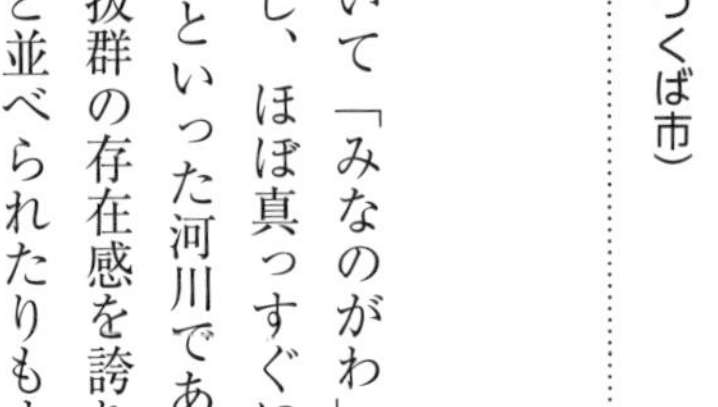

茨城県つくば市に「男女川」と書いて「みなのがわ」と読む川がある。筑波山の山頂近くを源流とし、ほぼ真っすぐに南斜面を駆け下り桜川に注ぐわずか1・9キロといった河川である。

筑波山と言えば関東平野の中では抜群の存在感を誇り、しばしば「西の富士」と「東の筑波」などと並べられたりもする。男体《なんたい》山《さん》（871メートル）と女体山《にょたいさん》（877メートル）の双峰から成り、わずかだが女性優位の山である。筑波山では古来農閑期の行事として近隣の人々が集って歌垣《うたがき》が行われ、歌を詠んだり男女が自由に交流したりするロマンの山でもあった。男女川は百人一首にはこう詠まれている。

筑波嶺《つくばね》の峰より落つる男女川

恋ぞつもりて淵となりぬる

筑波山の峰から流れる男女川の水が下に落ちるごとに恋心が積もって淵にまでなっていくことよ——といった意味である。

こう考えてくると、男女川の由来は古来の男女の神々に連なっているようにも見える。だが、事の真実は意外に単純なものである。

『新編常陸《ひたち》国誌《こくし》巻六』（１９６９年）には【水無川　美奈乃賀波】とあり、かつては「水無川」と書かれていたということがわかる。さらに、百人一首を引きながら、こうも書かれている。

「ミナノ川ノ末ハ、櫻川へ落ルト云へリ、筑波根ヨリ、眞砂ノ下ヲクグリテ、河トモ見エズ、一滴ヅヽ、流レテ、末ハ河トナレリト、ミエタリ」

「男女川」の文字が刻まれた橋桁

要するに、筑波根から桜川に流れていることになっているが、砂の下をくぐっていて川とも見えず、一滴ずつ流れて末は河になっている「水無し川」だと言っている。

このようなケースは全国的にいくつもある。多くは「水無瀬《みなせ》」で、時期によって水が枯れる川瀬のことだが、この「水無川」も同類の地名である。もともとは「水無川」であったものを「男女川」に変えたということになる。

秋の連休の一日、数年ぶりに筑波山を訪れた。筑波センターから満員のバスで立ったままの40分はつらかったが、件《くだん》の水無川はすぐ見つかった。筑波山神社入口で降りて赤い鳥居をくぐるとグランドホテルの前の坂道に古い壊れかけた橋が残っている。小さい橋桁に「男女川」という文字が刻まれている。

雨が降り続いたためか、水は音をなして流れ落ちていた。川というより一筋の滝というべきか。幅はわずか1メートルにも満たない。

ではなぜ「水無川」が「男女川」に変わったのか？　それは「男女」合わせれば「皆」だからである。これほど明快な論理も珍しい。もちろんその背後には筑波山の男女の神々の恋心が潜んでいる。古人の知恵である。

つくば市には「男女川」という美味い日本酒もある。

9 向津具【むかつく】（山口県長門《ながと》市）

日本一「むかつく」地名の由来

「おたく、どこの生まれ？」「長州のムカツクだけど」「ムカツク？変わった名前だね……。どんな字を書くんだい？」

たぶん、こんな会話が昔から続いてきたことだろう。とにかく耳で聞いただけで「ムカツク」地名というのは、全国広しといえども、山口県のここしかない。

福岡空港から博多に出て新幹線で「厚狭《あさ》駅」まで戻り、美祢《みね》線で山間を走ること50分で「長門市駅」に着く。そこでさらに山陰本線に乗り換えて十数分で「人丸《ひとまる》駅」に着いた。とにかく東京からは遠い。

親切なバスの運転士さんのガイド付きで、ようやく無事に「向津具下」地区にたどり着くことができた。何でも、この地区には楊貴妃のお墓が残されているという。「何で、この地に楊貴妃が？」と誰でも疑問に思うことだろう。小野小町の伝説はあちこちにあるので、それに類似した話と見ればいいのだが、それにしても国境を越えた話なのでいささかびっくりする。

楊貴妃伝説を伝えているのは、この地区にある二尊院という真言宗の寺院である。お寺そのものは小振りながら、なかなか風情がある。ただ、境内の入口にある楊貴妃の像はいかにも観光客向けでいただけない。

さて、この向津具の集落はいかにも昔からの伝統を残す趣のある家並みだ。

もともと、長門国《ながとのくに》は平安時代に編まれた『和名抄《わみょうしょう》』(正式名称は『和名類聚抄《わみょうるいじゅしょう》』。平安時代中期に作られた辞書)には「厚狭《あつさ》」「豊浦《とようら》」「美祢《みね》」「大津」「阿武《あむ》」の五つの郡《こおり》が記されている。この向津具は大津郡に属していた。そして、この大津郡には九つの郷があったが、その一つが「向国《むかつくに》」であった。

意味からすれば「向こうにある国」である。ではどこから見て「向こう」なのか。向津具地区は山陰線の伊上方面から見ると、油谷《ゆや》湾の向こうに美しいシルエットを描いている。つまり、伊上方面から見て「向こうの国」に当たると考えられていたということである。「むかつくに」の「つ」はどういう意味か。文法的には格助詞で、体言または体言に準ずるものに付いて、連体修飾語を成すもので、「の」に相当するものと見るこ

向津具の漁港　右手は油谷湾。

とができる。つまり、「向の国」ということだ。この「つ」が「津」に重なった。向津具の中心は久津《くづ》の漁港で、古来「津」であったことは間違いない。

高台から見る向津具の集落は美しい。久津地区から小さな山を越えると、そこは本郷地区だが、その一角に「向津具小学校」がある。その裏手には「向津具中学校」もある。

子どもたちはこの学校名にどんな印象を持っているのだろうか、とふと思った。変わった名前の学校だと思われるだろうが、いったん聞いたら忘れられない名前だから、かえって効果があるかもしれない。

夕暮れの油谷湾の美しさにしばし心を奪われた。日本列島の美しさに乾杯！

10 半家【はげ】（高知県四万十《しまんと》市）

平家の落人伝説がからむ地名

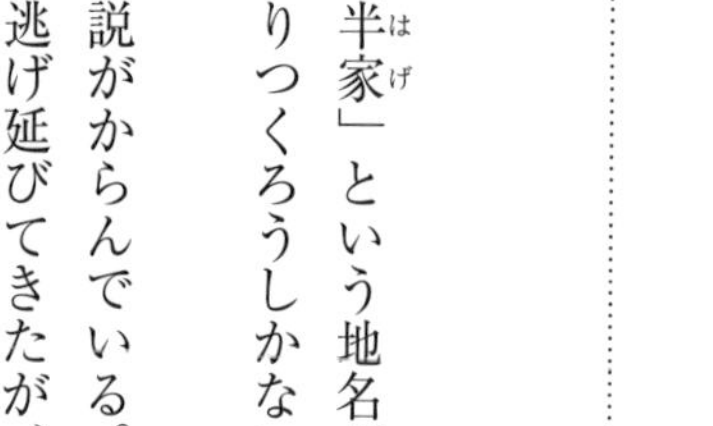

高知県の愛媛県寄りの山の中に「半家《はげ》」という地名がある。中高年の男性は苦笑いしてその場をとりつくろうしかない地名である。

実は、この半家には平家の落人《おちうど》伝説がからんでいる。その昔、平家が滅亡した後、落人がこの地に逃げ延びてきたが、平家の落人であることを隠すために、「平家」の「平」の横一本を下げて「半家」にしたというのである。つまり、「平家」→「半家」ということだ。これはこれで面白い話で、これを話すと、皆「へえ……！」と感心する。先人の知恵ともいえる話である。

しかし、真実は異なっている。この種の地名は現地に行って調べることが必要だ。もし平家の落人伝説が妥当性を持つというのなら、この集落は相当な山の中になくてはならない。四国には祖谷《いや》地方をはじめとして、平家の落人が隠れ住んだという地域があち

駅舎はなく、待合室だけの半家駅（無人駅）

こちにある。そのほとんどが高い山の奥にある。

高知駅から特急に乗って約1時間で窪川《くぼかわ》駅に着く。ここで予土線《よどせん》に乗り換えてコトコトと2両編成の列車に揺られていく。この線には面白い駅名がある。順番に「土佐《とさ》大正《たいしょう》」「土佐昭和《とさしょうわ》」という駅である。

小1時間で半家の駅に着いた。私がイメージしていたものとはまったく異なっていた。半家の集落は四万十川を目の前にした広々とした空間に位置していた。誰からも見られるこんな所に平家の落人が住むわけがない！　やはり地名は現地を見なければわからない。

実は、この「半家」は「ハケ」「ハゲ」

といった「崖」にちなんだ地名である。「ホキ」「ボケ」なども同類の地名である。これは漢字が日本に入ってくる以前からあった地名で、これらの「音《おん》」に漢字を当てはめただけのことである。例えば、「ハケ」「ハゲ」ならば「羽毛」「波毛」など。「ボケ」ならば同じ四国にある「大歩危《おおぼけ》小歩危《こぼけ》」などである。同じ理屈で考えれば、「半家」は「ハゲ」つまり「崖」の意味である。

それを証明するように、半家駅はまさに集落の上の崖の上に位置している。四万十川沿いに歩いていると、「土石流危険渓流」という看板が目に入った。そこには「土石流が発生する恐れがありますので大雨の時は十分注意してください」と書いてある。やはり、相当な崖なのである。もともと「ハゲ」と呼ばれたこの地に、平家の落人伝説が重なったと見るのが正しい。

四万十川沿いに次の「江川崎駅《えかわさき》」まで歩いた。さすがに我が国最後の秘境と呼ばれる四万十川だ。どこまでも美しい。

「四万十」も当て字で、河口付近に点在していた島が河口の「戸」になっていた程度の意味と解していいだろう。あるいは「シマ」というのは「テリトリー」を指す言葉なので、何らかの意味で領有権を指しているとも考えられる。

11 浮気【ふけ】（滋賀県守山市）

実は低湿地帯を示す地名だった！

その昔、滋賀県守山市の病院に講演に行った時の話である。講演が終わって院長さんと話していると、院長さんが「私の住んでいる所は浮気町《ふけちょう》という所で、結構迷惑しているんですよ」と言うではないか。それが私の「浮気」との出会いだった。

私が「そこは湿地帯のような所ではないですか」と訊くと、まさにその通りだという。

「フケ」は前述の「半家（ハゲ）」と一緒で、漢字が入ってくるまでは「フケ」という音《おん》で伝えられてきた地名である。意味は「低湿地帯」のことで、「深」「更」といった漢字が当てられてきた。地名としては「布気」「婦気」「福気」とも書き、全国各地に見られる地名である。しかし、「浮気」という漢字が当てられているのは、この守山市以外にはない。

JR守山駅で降りて裏手に数分も歩くと、もうそこは浮気の里だ。この20年近く行ってないので、また街並みは変わっているかもしれない。

浮気の里の中心はやはり住吉神社である。その昔、土御門《つちみかど》天皇（1195～1231）が病で倒れた時、この土地の大蛇を退治して献上したことによって、天皇は健康を回復され、その時から住吉神社では大蛇を火で追う儀式が始まったという。

住吉神社は数十センチほど高台にあり、かつては田んぼであった浮気の里を見渡せるような位置にある。

里の一角に「よみがえる『浮気』」として、看板にこう記してある。

「この地は古来より益須川（現在の野洲《やす》川）の伏流水が多く泉を湧き出して水清く森茂る豊かな自然の里であった。村中池より湧き出て地下水は浮気の里中をくまなくめぐり、秋から冬の間は水蒸気が朝日に映え紫気《しき》が雲間に漂う様を、『紫気天に浮かべて雲間に動かず』との詩より浮気《ふけ》と名付けられたと聞く」

昔と比べると、建て替えられた家が増えただけ、昔の面影がなくなってきているとも言えるが、家の周りをこんこんと湧いてやまない水が流れている様は変わらず美しい。

滋賀県ではこのように、住宅の周りを川が流れている風景を多く見かけるが、これも関

浮気の里を見守ってきた住吉神社

西の風景の一つである。

お孫さんを連れたおばあちゃんに、看板に書いてあった「ハリヨ」という魚はどんな魚かと尋ねてみた。「ハリヨ」とはトビウオ科の淡水魚で、日本では岐阜県と滋賀県の一部にしか生息しておらず、辛うじてこの浮気では見られるのだという。

彼女は、丁寧に孫に諭すように「この小さな魚がハリヨですよ」と教えてくれた。こんな親切心が、旅人にとっては嬉しい経験だ。

今はもうなくなってしまったが、昔は新幹線で京都方面に向かうと、右手に「浮気工場」という看板の建物があった。いつも守山を通る時は看板を見て複雑な気持ちを抑えたものだ。

12 十八女【さかり】（徳島県阿南《あなん》市）

平家落人の姫による

「十八女」と書いて「さかり」と読む地名がある。娘を持つ父親だったら複雑な思いに駆られる地名だ。確かに昔も今も娘十八にもなれば、「さかり」だもんなあ、と下衆《げす》な勘ぐりをしてしまう。

徳島駅から阿南市駅まで電車で約40分。駅前からタクシーで市の北側を流れる那賀川《なかがわ》沿いに20分ほど上った所に十八女はあった。この那賀川はアユ釣りで有名らしく、解禁ともなると多くの釣り人で賑わうらしい。日本各地で見られる夏の光景だ。川幅も狭まり、十八女大橋を渡ると、もうそこが十八女の集落だった。20～30軒の家が山にへばりつくように並んでいる。

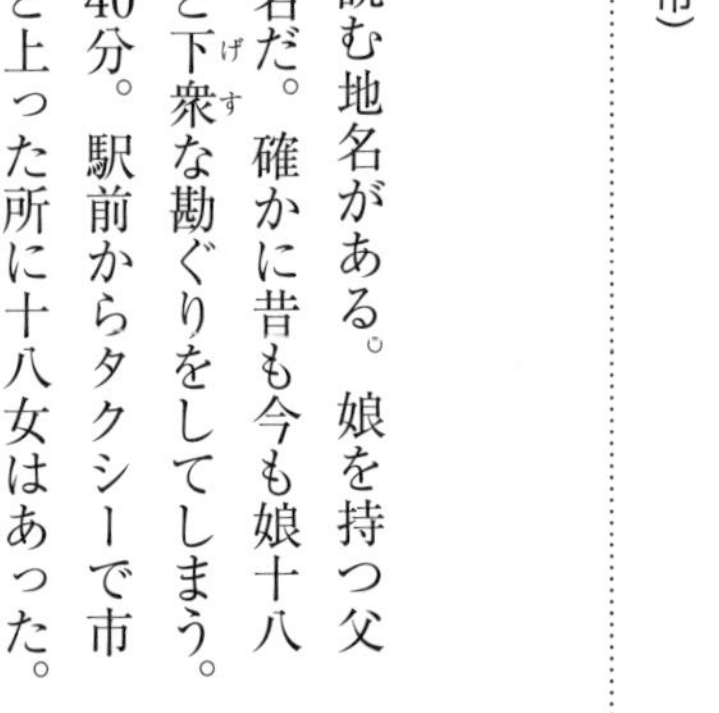

この集落には湯浅姓が多い。その中でお目当ては湯浅鎌次郎さんのお宅だ。この家には、代々この十八女にまつわる話が伝えられているというのだ。十八女を開拓したのは湯浅鎌次郎さんの祖先の湯浅但馬守《たじまのかみ》だったと伝えられている。およそ800年以上も前

十八女付近を流れる那賀川

のことで、平家の落人だったとのこと。
湯浅鎌次郎さんに湯浅但馬守の位牌を見せていただいた。そこには「文治《ぶんじ》五年九月十六日没」と記されている。文治5年と言えば1189年に当たり、壇ノ浦で平家が滅亡した4年後ということになる。歴史的にはつじつまが合っている。その湯浅但馬守が姫君をかくまって8歳から18歳まで育てたという伝承から、「十八女」という地名が生まれたのだという。
湯浅さんによれば、今の家は数十年前に建て替えたものだが、その前の家には「行かずの間」というのがあったそうだ。それは、部屋の四方を壁で固め、姫をかくまったとも、姫がそこで難産したとも伝えられていたという。家の者も、そこには足を踏み入れてはならなかったのだそうだ。

湯浅さんのお宅のすぐ上に五輪塔が21基祀られている。昔は36基あったとのこと。姫をかくまいながら36人の落人がこの地にやってきて土地を開いたとすると、これはなかなかの話だなあと感動してしまう。ここまでそろっていると、やはり800年以上前に平家の落人がやってきたことは事実なのだろう。

今はどこにもある一介の集落に過ぎないのだが、この「十八女」という不可思議な地名のルーツをたどることによって、これほどまでにその土地の歴史が輝きを見せる！これが地名探求の醍醐味であり楽しみでもある。

この平家の落人伝説の他に、山に入る坂の入口に位置し、そこから「坂入《さかいり》」と呼ばれてきたとも言われている。確かに集落は山の入口に位置しており、そこから「坂入」と呼ばれてきたことは事実なのだろう。ただ、「坂入」が単純に「十八女」に転訛することとは考えられず、平家の落人伝説が重なったものと見ていいだろう。

それにしても、「十八女」は私を地名の面白さと深さに誘ってくれた強烈な地名の一つである。

13 乳頭温泉【にゅうとうおんせん】（秋田県仙北市《せんぼく》）

乳頭に似た山の麓に湧くいで湯

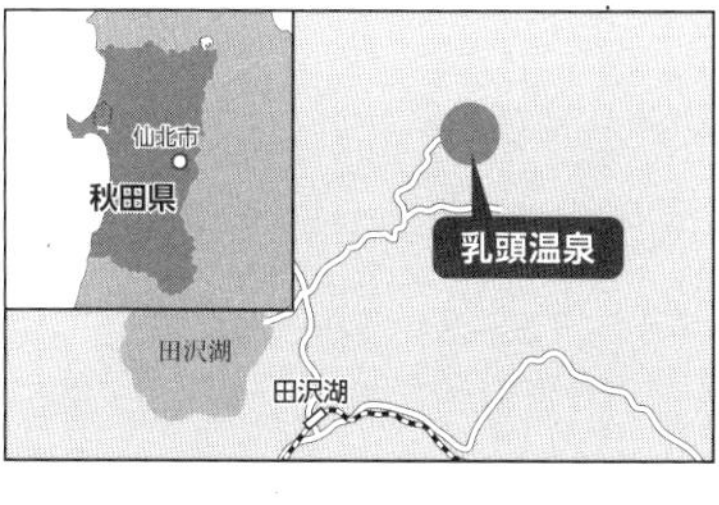

全国の温泉を歩いているが、やはり秋田の温泉が一番好みに合っている。源泉かけ流しで泉質も多様、しかも秘湯の雰囲気を醸し出していると言えば、やはり乳頭温泉にかなう所はない。

乳頭温泉の魅力は、宿ごとどころか、同じ宿の中でも異なる泉質を楽しむことができる点にある。

全国的に人気の高い「鶴の湯」、秘湯のイメージが強い「黒湯《くろゆ》」、黒湯から数分の所にあり泉質が多様な「孫六《まごろく》」、透明な湯ながら雰囲気最高の「蟹場《がにば》」、学校の校舎を利用した「大釜《おおがま》」、そして気楽に入れる「休暇村」、さらに「妙乃湯《たえのゆ》」の七湯があり、実に多種多様である。しかも、すべて歩いて行ける距離に点在している。

私が「鶴の湯」に出会ったのはもう30年近くも前になる。秋田の友人らに誘われて半信半疑で行ったのだが、これで温泉にはまってしまった。何よりも感動的だったのは、露天風呂のお湯が底から自然に湧き出していることだった。しかも適温なのである。

露天風呂と言いながら、実は外から湯を引き入れているものがほとんどの中で、まるで池に自然のお湯が湧いている露天風呂など初めての経験だった。この温泉は当主の佐藤和志さんが小屋を修理中に偶然発見したとのことである。

さて、この「乳頭温泉」の由来だが、この温泉郷を懐《ふところ》にいだいている「乳頭山」にある。この山の名は、頂上が女性の「乳頭」に似ているところからつけられたのだという。となると、どうしてもこの目で見てみたい。これが人間の素直な感情である。

湯につかりながら、地元の古老に訊いてみた。

「乳頭って何歳ぐらいの女性の乳頭なんでしょう?」

すると古老は、「20歳ぐらいだべがな」と答えてくれた。

6月の休日に友人と二人で乳頭山を目指したが、あいにくの梅雨空で乳頭山は見ることができず引き返した。駒ケ岳(1637メートル)に登れば見られるはずだったが、残念至極。しかし、乳頭山を見たいという気持ちは収まらず、9月の上旬、妻と二人で駒ケ岳に再挑戦した。今度は快晴の天気に恵まれ、目の前に乳頭山が見えた。確かに若々しい女性の乳頭に似ている!　秋田県側から見ると乳頭の形をしているので「乳頭山」

湯煙と雪景色の鶴の湯

だが、岩手県側から見ると三角形の形をしているので「烏帽子岳《えぼしだけ》」と呼ばれている。

日本列島は山脈で形成されているので、山は無数にあるが、乳頭山のように魅惑的で心をときめかす名前の山は多くはない。

田沢湖方面から見ると、やはり駒ケ岳は存在感がある。駒ケ岳という山名は木曽駒ケ岳・甲斐駒ケ岳など主に東日本に多いが、山容が駒（小さい馬）に似ているからという他に、残雪が駒の形に似て現れるというところに由来するとも言われる。

14 吉里吉里【きりきり】（岩手県大槌町）

井上ひさしの『吉里吉里人』で知られる

岩手県大槌町《おおつちちょう》は東日本大震災の津波で大きな被害を受けた町の一つだ。ここに「吉里吉里」という変わった町名がある。

久し振りに訪れたのは、震災の半年後のこと。吉里吉里の浜は防潮堤が根こそぎひっくり返されていたが、幸いなことに高台にあった駅舎とホームはそのまま残されていた。

吉里吉里が一躍有名になったのは、作家の井上ひさしが『吉里吉里人』という本を出版した昭和56（1981）年のことである。それまで日本国民のほとんどが「吉里吉里」などという地名が、この世に存在することすら知らなかったし、ましてやその地域が「吉里吉里国」として日本から独立しようとしているなどとは、夢にも考えていなかったのである。

小説の主人公は古橋健二という三文文士だが、上野発の「十和田3号」に乗って青森

ホームだけが残っている吉里吉里駅

に向かっていたところ、途中で乗車してきたジャンパー姿の男の一言《ひとこと》で話は一気に展開する。

「わだぐじは入国警備官のヨサブローでやんす。さっそくでやんすねがし、みなしゃんの旅券ば拝見してえもんで。なお一言注意ば申し上げどぐけえも、旅券の審査が終るまでどなたも動き廻ったり、逃げたりなさらねえように。動いたり逃げたりすっと、少年警官が遠慮会釈も無《ね》ぐ、弾丸《たま》ぶっ放すことになってってからねっし」

経済大国日本から長く煮え湯を飲まされてきた東北の「吉里吉里国」が突如独立するという破天荒なドラマであ

る。いかにも東北は山形県出身の井上ひさしらしい作品であった。

この地域は明治22（1889）年に「大槌町」が成立するまで「吉里吉里村」と称していた。江戸時代から塩鮭《しおざけ》の生産地として知られていたが、その中心となったのは「吉里吉里善兵衛《ぜんべえ》」こと「前川善兵衛」であった。善兵衛は「みちのくの紀伊国屋文左衛門」とも呼ばれた豪商で、広く三陸海岸の漁業権を掌握し、廻船問屋《かいせんどんや》として活躍したと伝えられる。

「吉里吉里」の由来もヨサブローが説明している。

「砂浜を歩きますと、きりきりと砂が軋《きし》みますでしょう。そこでアイヌ人たちは砂浜のことをきりきりと呼ぶようになったのだそうすね。ですから、東北の海や川の近くには吉里吉里、ないしは木里木里という地名が沢山《たくさん》ございますよ」

井上ひさしの面目躍如！　痛快だ。

吉里吉里駅の駅舎はその後すぐに取り壊されてしまったが、写真のようにホームはそのまま残っている。平成31（2019）年3月23日、宮古駅―釜石駅間復旧と同時に三陸鉄道に転換して列車が通ることになった。

第2章

動物が地名をもたらした

1 飛鳥
2 熊谷
3 鵠沼
4 犬山
5 亀有
6 猫実
7 狙半内
8 虎姫

1 飛鳥【あすか】（奈良県）

飛ぶ鳥は山だった！

「飛鳥」を「あすか」と読むことは日本人なら誰でも知っている。ところが、「明日香」とも書くとなると、どうしてなのかわからない。行政的には高市《たかいち》郡「明日香村」だが、歴史的には「飛鳥」が一般的だ。その謎を解いてみよう。

まず「明日香」だが、これは単なる当て字であって、漢字そのものには意味はない。もともとこの地は「アスカ」と呼ばれており、地名の由来は地形である。「アズ」（崖）の「カ」（処）か、「ア」（接頭語）「スカ」（洲）に由来すると考えられる。問題はこの「アスカ（明日香）」をなぜ「飛鳥」と書くようになったかだ。答えは意外に簡単で「明日香」につく枕詞が「飛ぶ鳥の」だったからだとされる。

飛《と》ぶ鳥《とり》の明日香の里を置きて去《い》なば君があたりは見えずかもあらむ（作者未詳、万葉集）

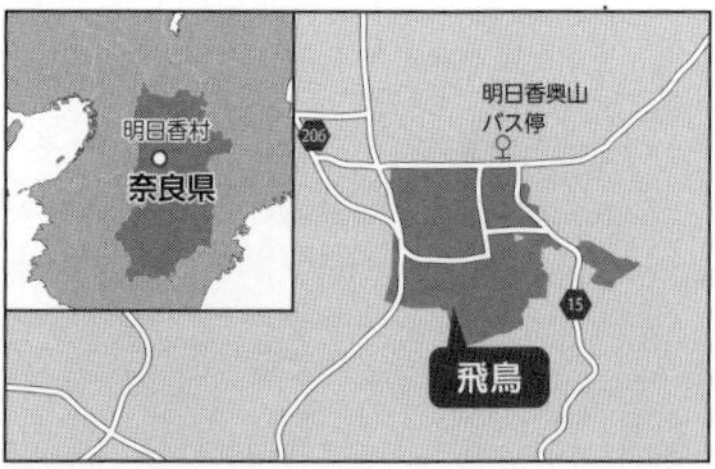

明日香を去ってしまうと、君の住んでいる辺りは見えなくなってしまう、という気持ちを歌ったものである。つまり、「飛ぶ鳥の明日香」と歌われたところから「明日香」を「飛鳥」と記すようになったというのである。

でも、これだけではいかにもしっくりこない。なぜ「明日香」に「飛ぶ鳥の」という枕詞がついたのか、という疑問が残るからである。

この疑問への常識的な答えとしては、ここに鳥がいたのではないかと考える。しかし、よく考えてみると、鳥はどこにもいるわけで、その意味で、「飛ぶ鳥」が「明日香」の頭につく枕詞としておかしいということになる。

もともと枕詞というのはある地域につく修飾語のようなもので、その地域の特色を表しているものである。例えば「青丹《あおに》よし」は「奈良」にかかる枕詞だが、これは奈良に顔料の青丹が産出したからついた枕詞だと言われる。

また「みすずかる」は「信濃」にかかる枕詞だが、「みすず」とは「スズタケ」のことで、信濃には「みすず」が自生しているところから作られたものである。

そう考えてくると、「飛ぶ鳥」が「明日香」にかかる枕詞であるとは考えられない。

奈良県立図書館で偶然に面白い説を発見した。それは戦後間もなくのことだが、ある

三輪山　よーく見てほしい。巨大な鳥が飛んでくるのがわかるはずだ。

研究者が飛鳥を訪れた時、三輪山《みわやま》方面を眺めたら、そちらから大きな鳥が飛んでくるように見えたという話だった。

早速、飛鳥の里をタクシーで走った。運転手さんに「どこか三輪山が見える所に行ってくれ」と頼んで、着いた所が、聖徳太子が生まれたという橘寺《たちばなでら》だった。そこから三輪山を見ると、まさに大きな鳥がこちらに飛んでくるように見えるではないか！

「これはすごい！」と思わず目を見張った。ちょうど真ん中に三輪山が座り、その向かって左に龍王山《りゅうおうざん》、右に巻向山《まきむくやま》が翼を広げている。「飛ぶ鳥の明日香」はこの山容に由来するのではないか。

２　熊谷【くまがや】（埼玉県熊谷市）

熊退治にちなむ

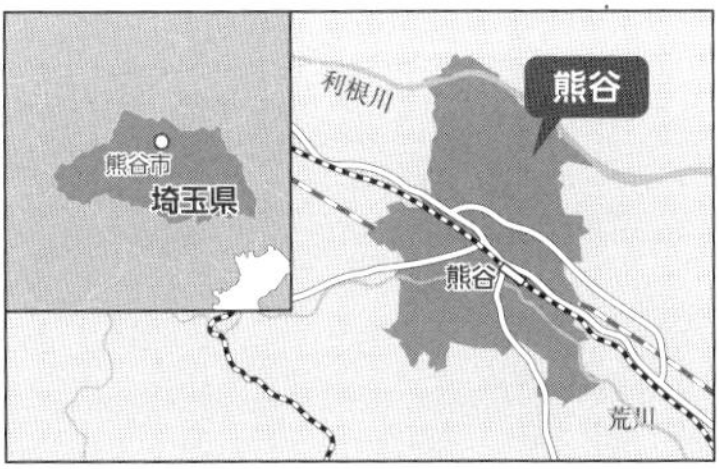

「熊谷」と言えば、全国でも一、二を争う「暑い町」というイメージがある。「熊谷」の地名の由来として、熊谷直実《くまがいなおざね》の父直貞《なおさだ》が熊退治をしたという伝説がある。伝説だから史実ではないとも考えられるが、８００年以上この地に伝えられているとなると、見過ごせない話である。

『新編武蔵《むさし》風土記稿《ふどきこう》』には、この地に昔大熊が棲んでいて、人々を困らせていたところ、熊谷直実の父直貞が退治したことにより、「熊谷」という地名が生まれたと書かれている。

現在の熊谷市で考えると、ここに大きな熊が棲息していたとは考えにくいが、今から８００年以上も前となると考えられない話ではない。

熊谷家の出自に関してはいくつも系図が残されているが、この地に知行《ちぎょう》を得たのは、直貞が熊退治した功によるものだという点ではほぼ一致している。

『熊谷伝記　第一冊』によれば、永治元《えいじ》（１１４１）年、万民を悩ましていた大熊を退治できないのは面目ないとして、この大熊を退治したら３００丁（町）の土地を与え、末永く私市党《きさい》（武蔵七党の一つ）の頭とする、という高札を出したという。

それを見た直貞はまだ16歳という若さだったが、幼くして都を出て所領もなく過ごしていたので、この熊退治の話に乗り、無事大熊を退治したという話である。

息子の熊谷次郎直実（１１４１〜１２０８）はこの地に生まれ、幼少より弓矢の達人で性格も剛直だったという。石橋山の合戦では頼朝に弓を引いたが、その後は頼朝側につき、多くの合戦で功績を挙げ、坂東一の剛の者として勇名を馳《は》せた。

直実は「一の谷」（摂津国）の合戦で平氏を破り、海に逃れようとした平敦盛を討ち取った。敦盛は弱冠16歳、横笛の名手であったと言われ、この悲話はその後長く『平家物語』に伝えられていく。直実は戦いの非情と無常を感じ、それがきっかけで僧となる。

その後、領地争いで敗れた直実は頼朝の前で髪を切って、京に上って法然《ほうねん》の弟子となり、名も「蓮生《れんせい》」と改めて熊谷に戻り、浄土の教えを広めた。熊谷寺《ゆうこくじ》はその道場である。

熊谷駅から歩いて10分くらいの所にある高城《たかぎ》神社の境内に熊退治で有名になった熊野社が遷《うつ》されている。

熊谷駅前に雄姿を見せる熊谷直実像

その隣にあるのが「千形《ちがた》神社」だが、この神社はもとは「血形《ちがた》神社」と言われていたという。文字通り熊の「血」にちなんでつけられた神社名である。大熊を退治してその首を埋めたとされる熊野堂は地元では「くまんどう」と呼ばれ、そこには熊退治のいきさつを記した記念碑が建てられている。

伝承であるので先に引用した『新編武蔵《むさし》風土記《ふどき》稿《こう》』では「正しきことは知らず」と書かれているが、それに近いことがあったのは事実だろう。

3 鵠沼【くげぬま】(神奈川県藤沢市)

白鳥の集《つど》った沼

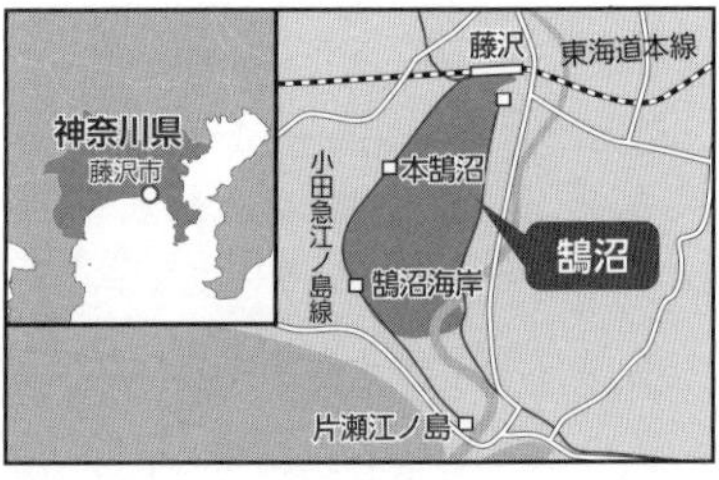

「湘南」と言えば東京周辺では最も人気の高いスポットだ。海もあれば古都鎌倉もある。この湘南の一角、藤沢市に「鵠沼」という町名がある。

「湘南」はもともとは「相模国」の「南」に位置しているところから「相南」なのだが、中国湖南省の「湘江《しょうこう》」にちなんで「湘南」とした。

藤沢市の「鵠沼」はJR藤沢駅から江ノ島に至る一帯だが、一般には「鵠沼海岸」という名前で海水浴客に知られている。

かつては「鵠沼村」と称していたが、『新編相模国風土記稿《さがみのくにふどきこう》』では、「久々比奴末牟良《くぐいぬまむら》」と読ませている。「鵠《くぐい》」とは白鳥の古称である。昔は白鳥のことを「くぐい」と呼んでいた。

鵠にちなんだ地名は、この藤沢の鵠沼が一番有名だが、徳島県に「鵠《くぐい》」、茨城県に「鵠戸沼《くぐいどぬま》」などがある。いずれも白鳥にちなんだ地名である。

「鵠沼」は昔白鳥が飛来してできた地名である。文献的な確証はないが、この一帯にはかなり大きな沼沢地《しょうたくち》があって、そこに白鳥がやってきたことにちなんでいる。昔から日本に生息しているのは、オオハクチョウとコハクチョウで、冬季に越冬のためにシベリア方面から飛来して、岸辺の浅い水面を泳ぎながら水草を食べるのを習性にしている。

かつての「鵠沼」は地図上では「はす池」として2か所残っているのだが、江ノ電の柳小路駅の近くの沼は鵠沼高等学校の用地となっており、ほとんど影も形もない。

その先の桜小路公園に接している沼は、現在木道などが整備されて「はす池」として昔の面影を残している。二つのはす池には、夏にかけて白と赤の蓮の花が咲き、市民の憩いの場所となっている。かつては、このような沼が七つもあったのだそうだ。沼の周辺を歩いてみると、確かに沼の周辺は一段と高くなっていて、沼の低さは実感できる。

鵠沼一帯は昭和4（1929）年に小田急江ノ島線が開通してから宅地化が始まり、今では高級な住宅地と化している。

鵠沼には、昔から多くの文人が集まった。徳富蘆花《とくとみろか》、芥川龍之介、志賀直哉、武者小

湘南海岸に遊ぶ

路実篤、久米正雄など枚挙にいとまがない。
鵠沼海岸に近い一角に、文人たちが集ったという東家《あずまや》という旅館の跡がある。現在は碑が建てられているだけだが、広大な庭園の一部が今は民家となった軒先などに残っている。
今やどこに行ってもメダカは絶滅の危機にさらされているが、このはす池は鵠沼固有のメダカ発祥の地として注目を集めた。平成7（1995）年、このはす池で採取したメダカのDNA分析をしたところ、境《さかい》川《がわ》水系特有のメダカとして判定され、「藤沢メダカ」と名づけられたという。
「白鳥からメダカへ」――やはり「湘南」である。

4 犬山【いぬやま】（愛知県犬山市）

犬の山ではなく、方角だった！

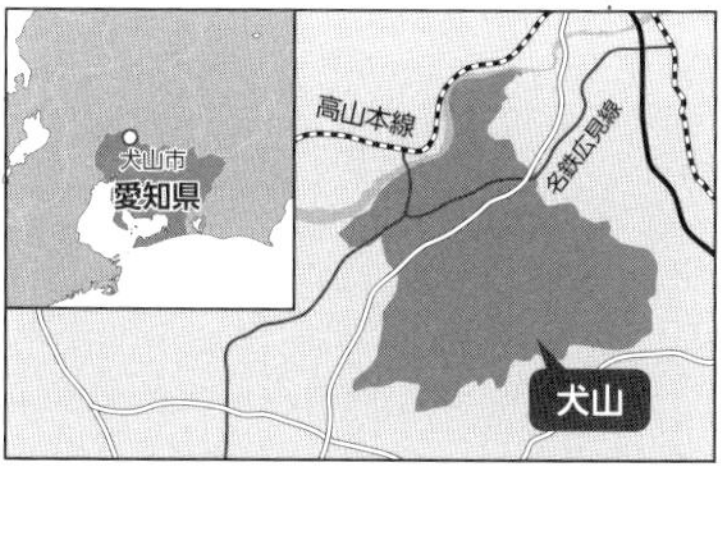

漢字から単純な由来を考えがちだが、歴史をたどると数々の意味から成り立っている。

我が国に現存している城の中で、国宝に指定されているのは、従来の松本城（長野県）・姫路城（兵庫県）・彦根城（滋賀県）・犬山城の他に、近年指定された松江城（島根県）の五つしかない。中でも犬山城は、松本城とともに、その古さを競っている。

犬山は名古屋から電車で30分足らずの距離にあるが、木曽川に面する小高い山の上にあり、桜が咲く頃には、何度行っても感激を新たにする。

犬山城は天文《てんぶん》６（１５３７）年に、信長の叔父に当たる織田信康《おだのぶやす》によって築城された。小牧・長久手の戦い（１５８４年）では、秀吉が大坂から12万の軍勢を率いてこの城に入り、小牧山に陣を敷いた家康と戦った古戦場でもある。

また、つい最近まで、旧城主であった成瀬家が、個人的に所有・管理してきたことでも知られているが。国宝の城が個人の所有であったことも驚きである。別名「白帝城《はくていじょう》」と呼ばれているが、これは江戸時代の儒者・荻生徂徠《おぎゅうそらい》（1666〜1728）が唐の李白の詩にある「白帝城」にちなんでつけたという。

「犬山」の地名の由来として、従来は三つの説があった。

①犬を用いて狩りをした山ということから。
②古代の「小野郷」に山が多かったことから、小野山《おのやま》→おぬやま→いぬやま、となった。
③犬山は、尾張国二宮である大縣《おおあがた》神社から見て、「戌亥《いぬい》」の方角にあることから。

この中で、まず、①は当てはまらない。犬を用いて狩りをするほどの山ではないからだ。②も「おのやま」が「おぬやま」に転訛《てんか》することはまず考えられない。

だから、③の方角説が正しいように思える。その謎を説く鍵は、犬山城の中にある針《はり》綱《つな》神社が、安産の神様を祀っているところにある。

針綱神社には「玉姫命《たまひめのみこと》」が祀られているが、この姫は、実は大縣神社から来たとさ

天下の名城「犬山城」

安産の神様を祀る針綱神社

れており、さらにその父君は大縣神社にいたとされる。大縣神社は、女陰を祀る神社として知られ、その西にある田縣《たがた》神社は男根を祀る神社として有名である。田縣神社と大縣神社の関係で、安産の神が生まれ、その一つ大縣神社から、犬山にある針綱神社に玉姫命が赴《おもむ》いたことになる。

問題は、針綱神社は大縣神社から見て「戌亥（乾《いぬい》）」の方角に位置しているのか？ということだ。昔は方位を十二支で表したが、「亥《い》」は「北北西」、「戌《いぬ》」は「西北西」、「乾」はその中間の「北西」を指していた。

現在の位置関係では、北西と言うよりは「北北西」に近いが、おおまかに言えば「乾」の方角と言っても差し支えない。「乾」が「犬」に転訛することはよくある話である。犬はもともと安産祈願の神様のような存在であり、そこから針綱神社が安産の神様になったことになる。そして、それを裏づけるように、織田信康が手彫りの狛犬《こまいぬ》一対を奉納している。

——玉姫命の出自から、こんな歴史も見えてくる。

5 亀有【かめあり】（東京都葛飾区）

もとは「亀無し」だった！

亀有は、かの秋本治の人気マンガ『こちら葛飾区亀有公園前派出所』の舞台として知られる。決して観光客が訪れるといった所ではないが、最近は駅前に両さんの像も建てられている——。駅の北口に両さんが勤務する（?）交番が今でもある。つまり、舞台となった交番が実在するということだ。

この亀有、実は江戸時代以前には「亀無」「亀梨」と書かれていた。室町時代に書かれた『義経記』によると、治承《じしょう》４（１１８０）年9月12日、頼朝が隅田川を渡るくだりに「亀なし」と書かれている。また応永《おうえい》年間（１３９４～１４２８）、永禄《えいろく》年間（１５５８～１５７０）の文献でも「亀なし」とし、「亀無」「亀梨」の文字が使われているという（『亀有区史』）。

それを「かめあり」に変えて「亀有」としたのは、正保《しょうほう》元（１６４５）年のことだと

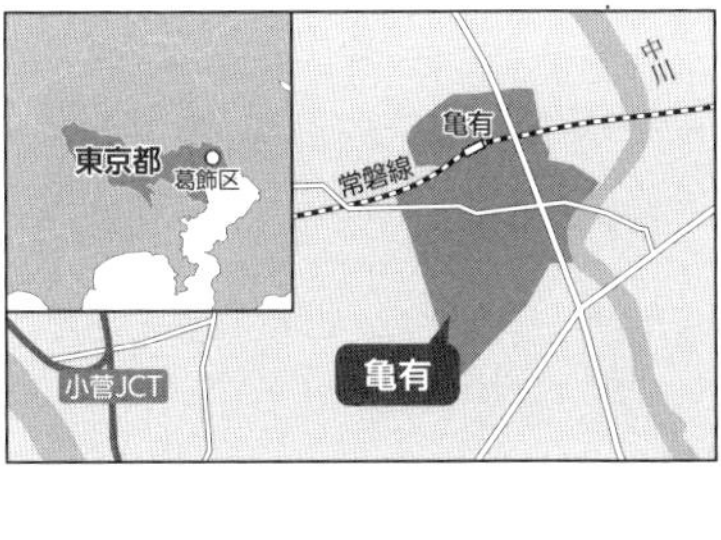

言われる。幕府が国図を作成するに当たって、「なし」は縁起がよくないので、「あり」にしたというのだ。

日本語には縁起をかつぐ言葉が数多くある。いずれも場の状況を見て判断するケースである。宴会などで締める時に「お開き」などというのと同じである。

ところで、この「亀」というのはどういう意味か。地名の亀というのは、そのほとんどが地形に由来する。全国的に「亀甲山《かめのこやま》」という地名は見られるが、それは亀の形をした山を意味している。

それでは「なし」はどう解釈したらいいか。「無」「梨」は単なる当て字である。この場合の「無」は否定の「無し」ではなく、肯定の「なす」に通じると考えた方がいい。

私流に解釈すれば、この「なし」は接尾語の「なす」ではないか。接尾語の「なす」は名詞について「……のような」「……に似ている」という意味になる。例えば、「緑なす黒髪」といえば、「緑のような黒髪」といった意味になる。

そうすると、「亀無」は「亀のような土地」といった意味になる。

それに「なす」にもう一つの解釈をつけ加えるのも可能である。「なす」を「成す」と考えると、さらに意味が深くなってくる。「成す」は「成る」の他動詞だが、「あるま

駅前で両さんが迎えてくれる

とまったものを作り上げる、築き上げる」といった意味である。亀有のように、多くの河川に囲まれた土地では、川によって運ばれた土砂が堆積《たいせき》し、亀の背のような土地が自然に出来上がったとも解釈できる。

葛飾区は、東京でも下町の外れに当たり、川を越えればすぐ千葉県といった所にある。昔から度重なる水害に見舞われてきた地域なので、水に対する構えはしっかりしているし、寅さんの映画の舞台になった葛飾柴又など、江戸情緒たっぷりの所である。

　ちなみに、「葛飾」という地名は、もともと「下総国」の郡名だったので、本家は今の千葉県市川・松戸・船橋辺りであって、東京の「葛飾区」はその分家と考えていい。

6 猫実【ねこざね】（千葉県浦安《うらやす》市）

津波・高潮が「根越《ねこ》さぬ」ように

「東京ディズニーランド」が千葉県浦安市にオープンしたのは、昭和58（1983）年のこと。それ以来、浦安と言えばディズニーランドの町というイメージがすっかり定着している。ディズニーランド建設地も「舞浜《まいはま》」という美しい地名を採用した。

この浦安市は我が国でも戦後最も発展した町と言っていいだろう。現在の市域は17・30平方キロメートルだが、その4分の3は埋め立て地である。その埋め立て地に高級住宅地を次々に建設し、多くの住民を集めてきた。

明治期の地図を見ると、「猫実村」「堀江《ほりえ》村」「当代島《とうだいじま》村」という地名が確認できる。明治22（1889）年の町村制施行により、この3村に「欠真間《かけまま》村」の飛び地が合併されて「浦安村」が成立した。これが「浦安」という地名の誕生である。その命名者は初代浦安村長の新井甚左衛門だと言われている。甚左衛門は隣の「行徳《ぎょうとく》」の向こうを張っ

て、漁場（浦）の安泰を祈ってつけたとも、日本古来の美称、浦安の国からその名を得たとも言われている。

猫実村の由来について『浦安町誌』（１９６９年）にはこう書かれている。

「鎌倉時代に永仁《えいにん》の大津波に遭い、部落は甚大な被害を被った。その後部落の人達は、豊受《とようけ》神社付近に堅固な堤防を築き、その上に松の木を植え、津波の襲来に備えた。堤防はその頃としては立派なもので、村の者はこの堤防の完成を喜び、今後はどんな大きな津波がきても、この松の木を越すことはないと喜んだ。この松の根を波浪《はろう》が越さじとの意味から『根《ね》越《こ》さね』と言い、それがいつの間にか猫実と称せられるようになり、本村の村名となったという」

豊受神社は平安末期の保元《ほうげん》２（１１５７）年に創建された神社で、この神社の創建が浦安の始まりだとされている。その豊受神社に足を運んでみた。地下鉄東西線の浦安駅から南に数分も歩くと境川《さかいがわ》に出る。この境川が昔の浦安と新しい浦安の境を成しているとのことで、この川の周辺に浦安の古い歴史を物語る建造物が集中している。

その一角に豊受神社はあった。確かにちょっと高台になっていて、津波を防ぐような雰囲気も感じられたが、実は昔の豊受神社はここではなく、行徳方面に向かう行徳街道

現在の豊受神社

の、現在は稲荷神社がある辺りにあったのだという。稲荷神社にも行ってみたのだが、松の木のようなものは見当たらない。

この浦安の地は低地で昔から津波・高潮の被害に遭ってきた地域であり、その波が「松の根を越さないように」という意味で「根越さね」となり、それが転訛《てんか》して「猫実」となったことは、記憶にとどめておきたい話だ。

7 狙半内【さるはんない】（秋田県横手市）

「釣りキチ三平」君のふるさとの由来は？

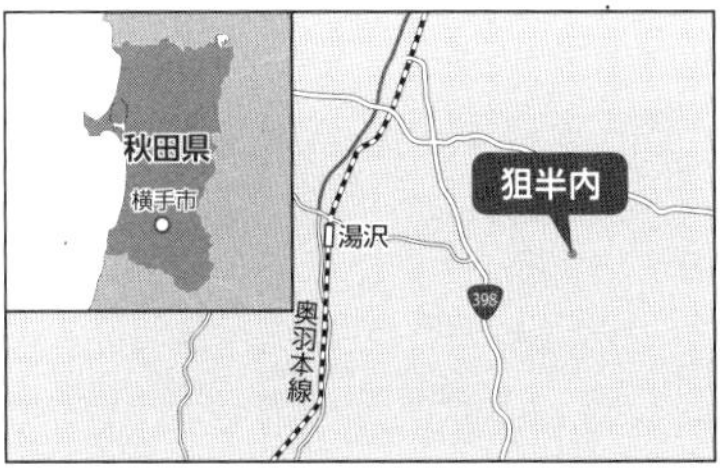

平成28（２０１６）年10月2日、秋田空港が新しいページを刻んだ。秋田県の生んだマンガ家・矢口高雄のキャラクター『釣りキチ三平』の陶板レリーフがオープンになったのである。

搭乗口のフロアの一角に縦3・5メートル、横6・7メートルの巨大なレリーフが壁を埋めるように完成した。

「釣りキチ三平・山女魚《やまめ》群泳《ぐんえい》」と題して、三平君とヤマメ、その背後に秋田県を象徴する鳥海山がそびえている。マンガ家のちばてつや氏、里中満智子氏も駆けつけ、歴史的なセレモニーに彩りを添えた。

平成の大合併によって、旧「増田町《まち》」は「十文字町《まち》」などとともに「横手市」に統合された。この旧増田町に「横手市増田まんが美術館」が設立されたのは平成7（１９９５）年のことである。矢口高雄の「まんが工房」をはじめとして１００人以上の大物作家の原画がスロープに沿って並ぶ様は圧巻だ。

このまんが美術館の設立に伴って、矢口先生（いつもこう呼んでいるので）の生まれた狙半内村は「三平の里」として売り出され、多くの人々に知られるようになった。

この「狙半内」、秋田県内でも難読地名に数えられるが、江戸時代には「猿半内」と書かれていたので、これだと読むことは可能だ。「猿半内」が「狙半内」に変わったのは明治22（1889）年の町村制の施行によるものである。「狙」は「手長猿」のことで、「猿」も「狙」も大きな意味の違いはない。

「内」はアイヌ語で「川」「沢」のことなので、もともと「狙半内」が川の名前に由来することは間違いない。問題は「狙」だが、一般にはアイヌ語の「サラ」（Sar）（葦原《あしはら》）に由来するとされている。今は狙半内の周辺は水田が開かれているが、それ以前は葦原で埋まっていたに違いない。

「葦」はもともとは「アシ」と読んだが、「アシ」は「悪シ」に通じるということで、縁起を担いで「ヨシ」と呼ばれるようになった。現在多くみられる「吉田」という姓は、「葦田」を縁起の良い「吉田」に転訛したものである。

「半」はアイヌ語の「パ」（pa）で、「上流」という意味だという。狙半内は成瀬川の

矢口少年を育んだ狙半内の風景

支流で確かに上流にある。ということで「狙半内」は「葦がいっぱい繁った上流の川」の意味になる。

その夜、親しい仲間数十人が矢口先生のお祝いの宴を催した。狙半内川の上流に上畑《かみはた》温泉「さわらび」がオープンしたのは、平成12（2000）年のこと。三平君の絵ばかりでなく、各部屋の名前も矢口先生の直筆であり、まさに矢口高雄ワールドとも呼べる宿である。

代表作の『釣りキチ三平』をはじめ『オーイ‼　やまびこ』『蛍雪時代』『ふるさと』など矢口先生の作品の多くが、秋田県の故郷を描いた作品である。平成の田園詩人とも呼ばれる矢口高雄の新しいページが秋田空港に刻まれたことを喜びたい。

8 虎姫【とらひめ】（滋賀県長浜市）

虎姫の姫の正体は？

昔、豊臣秀吉が造った町として知られる長浜。その北に虎姫町《ちょう》という町があった。平成22（2010）年1月1日、他の5町とともに長浜市へ編入され、消滅した。

東に伊吹山を望み、西には琵琶湖が見渡せるが、とりわけ湖に浮かぶようにたたずむ竹生島《ちくぶしま》が印象的だ。北部に「虎御前山《とらごぜん》」という山があり、これが「虎姫」の地名の由来になったとのこと。早速登ってはみたものの、中腹にはキャンプ場があるだけで、見るべきものはない。

実は、この地には、こんな伝説が残されている。

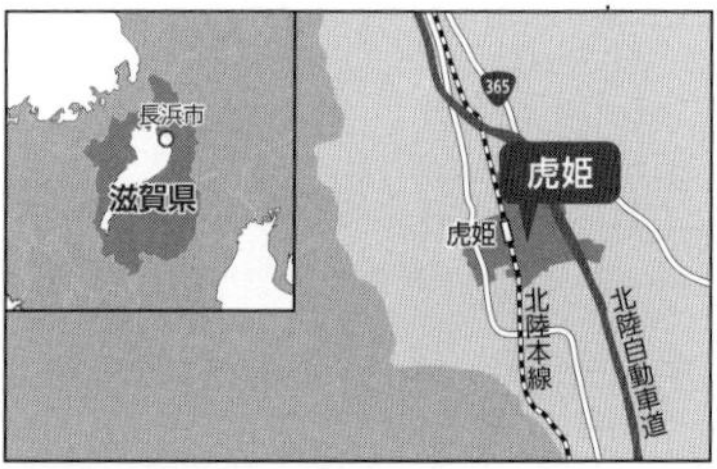

昔、この山の麓《ふもと》に虎御前という美しい姫が住んでいた。ある時、姫が旅に出た帰り、道に迷っていると、青年が「よければ、私の家にお泊りなされ」と声をかけてくれた。

それが縁で虎御前は「世々開《せせらぎ》」という長者と結婚することになった。

二人は幸せに暮らし、やがて子どもが生まれたが、生まれた15人の子どもは顔以外、全身、蛇のうろこに包まれた子蛇だった。虎御前は人目を避けて外出もしなかったが、ある月の夜、泉に映ったわが身が蛇の形をしているのを見て、「女性ヶ淵《みせがふち》」に身を投げてしまった。

その後、15人の子どもたちは立派に成長し、成人する頃には人間と同じ容姿になり、近辺の村を治めるようになった。


悲しい話だが、このような伝説に基づいて明治22（１８８９）年「虎姫村」ができ、昭和15（１９４０）年に「虎姫町」が成立した。

ここに登場する「虎姫御前」とは何者なのだろうか。『日本史大事典』（平凡社）に「虎御前」という項目がある。そこには「鎌倉初期に相模国大磯宿の遊女であったと伝えられる女性」とある。

「曾我《そが》物語」は鎌倉初期を舞台にした曾我十郎祐成《すけなり》・五郎時致《ときむね》兄弟の物語だが、その後半に虎御前が十郎の愛人として登場する。「虎」という名は、寅の年、寅の日、寅の

山ザクラ咲く虎御前山

刻に生まれたのでついたのだという。虎御前は亡くなった兄弟を回向《えこう》して全国を行脚《あんぎゃ》し、その範囲は福島から鹿児島にまで及んでいるとされる。

虎御前と虎姫、きっと何かの縁がありそうだ。ところで、町の中を歩き、昔の長者が住んでいた証しをさがしてみた。虎御前山の麓に1軒の民家を発見！「これはすごい！」。江戸時代の建物だというが、いかにも「世々開長者」の家らしい風情《ふぜい》を漂わせている。

町内の虎にまつわる場所をさがしていると、「虎姫駅」の駅前に出た。まるで阪神タイガースの駅である。正面に、「必勝祈願勝利の女神虎姫」とあるではないか。ファンというのはありがたいものだ。

第3章

都会で気になる地名の謎

1 青山
2 代々木
3 梅田
4 針中野
5 立売堀
6 関内
7 国分町
8 二階堂
9 雪ノ下
10 新宿

1 青山【あおやま】（東京都港区）

「青山」は群馬県にあった！

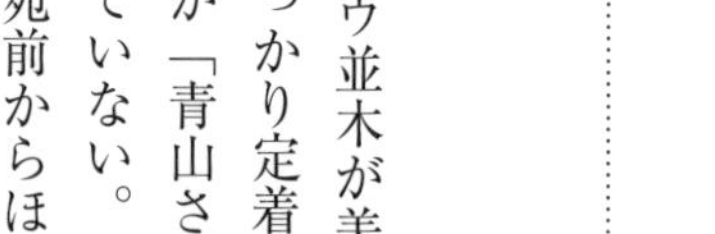

神宮外苑の黄色に染まったイチョウ並木が美しい。「青山」はオシャレな街といったイメージがすっかり定着している。

しかし、その「青山」という地名が「青山さん」という人物名に由来していることは意外に知られていない。

その歴史をひもとく手掛かりは外苑前からほど近くにある梅窓《ばいそう》院《いん》というお寺にある。

幕末、幕府によって編纂された『御府内備考《ごふないびこう》』（江戸幕府が編纂した江戸の地誌）にはこう記されている。「青山は、天正十九年青山常陸介忠成《ひたちのすけただなり》が宅地に賜りし地なり。青山忠成十萬石の時は、今の青山の地一円に屋鋪なり」

天正19年というのは1591年のことで、家康が江戸入府した翌年のこと。青山忠成（1551～1613）は家康より9歳年下だったが、幼時から家康の小姓を務め、後に

秀忠に仕え、家康の全幅の信任を得ていたと言われる。

家康の江戸入府に際しては後に「内藤新宿」（現在の「新宿」のもと）をつくった内藤清成《きよなり》（１５５５〜１６０８）と並んで重用され、関東総奉行、江戸町奉行、老中などに命じられている。

伝説によれば、家康は馬に乗って走れるだけ走った範囲の土地を与えると言って広大な土地を与えたと言われている。

現在の青山霊園がかつての青山家の屋敷跡である。現在も約8万坪の面積を占めている。

青山氏は徳川に仕えた三河武士であったが、そのルーツは群馬県中之条町《まち》の「青山郷」だと言われている。山が青く見えることは山国育ちの人なら理解できることだろう。

「幸成」の子孫はその後、美濃国郡上《ぐじょう》藩主青山氏として発展し、代々現在の青山の地に下《しも》屋敷を所有していたとのことである。

梅窓院の前を走る青山通りは江戸時代には「大山道《おおやまみち》」と呼ばれていた。神奈川県の大山に阿夫利《あふり》神社があるが、その神社に参詣する人々が通ったのでその名がついた。

現在の地下鉄「表参道駅」の近くに、昔は「百人町《ちょう》」という町があった。鉄砲百人組

「青山」のルーツとなった「青山」（群馬県中之条町）

という下級武士が住んでいた所だが、ここには昔から夏になると高い竿の上に提灯をぶらさげて高さを競う風習があったという。

遠くから見ると夜空の星のように見えたので、「青山百人町の星提灯」と呼ばれたとか……。

「青山」のルーツとなった群馬県中之条町には「青山」という山が実在する。

吾妻川のほとりに小高い山がそびえている。それが東京の「青山」のルーツとなった「青山」という山だ。現在でも「青山」という町名がしっかり残っている。

2 代々木【よよぎ】（東京都渋谷区）

代々、伝えられてきた木があった。

明治という時代を迎えてすでに150年余の歳月が過ぎた。その間「明治」「大正」「昭和」「平成」「令和」と五つの時代を刻んできた。その明治にちなんだ地名はないかと考えていたら、ふと「明治神宮」が浮かんだ。

明治神宮は明治天皇と皇后の昭憲《しょうけん》皇太后をご祭神とする神社で、大正9（1920）年に創建された。その境内は18万坪と、とてつもなく広く、全国の勤労奉仕により植樹整備されたものである。それだけ明治天皇の功績が大きかったことを示唆している。実はこの明治神宮境内に古くからあった1本の木から「代々木」という地名が誕生した。

江戸時代末期に一人の隠居人が書いた『十方庵《じっぽうあん》遊歴雑記』という紀行文がある。そこに「代々木下屋敷井伊家の大樅《もみ》」として「代々《よよ》」伝えられている木のことが細かく記されている。

ここに「井伊家」とあるのは、江戸時代を通じて譜代大名の筆頭として活躍した彦根藩「井伊家」のことである。つまり、今の明治神宮は江戸時代には井伊家の下屋敷であったということだ。

どれくらい大きな樅の木だったのかを具体的に記している。現代語で紹介しよう。

木の高さは数十丈《じょう》（1丈は約3メートル）で、千駄ヶ谷のかなたから樅の木の穂先が見えるほどだ。幹の太さは両手を広げて九抱えもあり、2間《けん》半（約4・5メートル）四方もある。さらに、木の向こうに馬3頭をつないでも首も尾も見えない——。

そして、著者はおよそ全国広しといえども、このような大木は存在しないだろうと言い、「神代よりの古木とやいはん、如何ばかりの年代をか経たりけん」と書いている。さらに、この古木のおかげで武蔵野を歩く旅人は東西南北を判別して迷わずに旅ができたと書いている。

つい最近になって、大正9（1920）年に撮影されたというこの古木の写真が新聞で紹介された。確かにすごい巨木ではある。ただ残念なことに、この古木は第二次世界大戦の空襲によって焼失してしまって今はない。だが、境内には新しい「代々木」が指定されているという。

明治神宮に参拝するのは何十年ぶりのこと。昔初詣に行ってその参拝客の多さに驚き、その後足が遠ざかっていた。原宿駅から南参道を真っすぐ進んだ左手に現在の「代々木」があり、看板が建てられている。まだ、若い！　真の「代々木」に成長するまでにはあと数百年はかかるだろう。

「代々木」の由来を伝える

「代々木村」という名はすでに江戸時代に存在しているので、この昔の「代々木」はそれ以前から人々の注目を集めていたことになる。この代々木があったから、この地に明治神宮を創建したということではなかろうが、縁起の良い話ではある。明治天皇と昭憲皇太后を祀った明治神宮に今も「代々木」が残され、未来を託されていることは、明治150年を超えた今、記憶にとどめておいていい。

3 梅田【うめだ】（大阪府大阪市北区）

田んぼを埋めてつくったステンショ

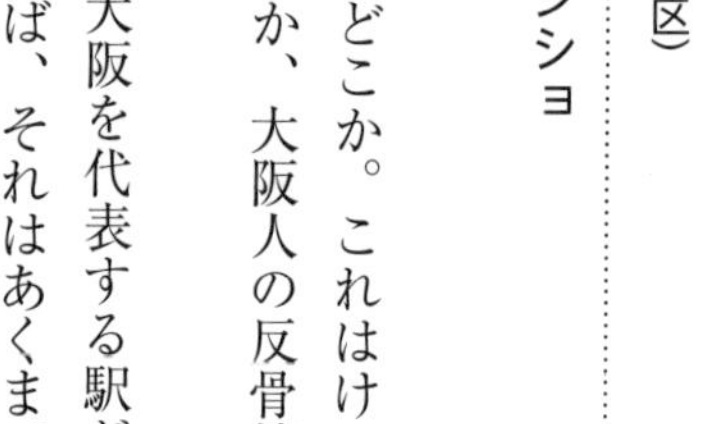

天下の大都会大阪を代表する駅はどこか。これはけっこう難しい問題だ。「大阪」駅か、「梅田」駅か、大阪人の反骨精神が垣間見える――。

新幹線を使えば、「新大阪」駅が大阪を代表する駅だと言うこともできる。しかし、地元から言えば、それはあくまでも新幹線の駅であって、やはり中心は私鉄各線が集まってくる「大阪」駅だということになる。

ところが、この「大阪」駅を名乗るものはＪＲ線のみであって、他の私鉄や地下鉄は同じ場所にありながら、「梅田」と名乗っている。

同じ場所にありながら、なぜＪＲは「大阪」で私鉄は「梅田」なのか。そこには国と大阪市の間の厳しい「仁義なき戦い」があった。

現在の大阪と神戸の間に鉄道が敷かれたのは明治7（1874）年のこと。この「大阪」

駅は現存しているJRの駅の中では最古の駅として知られる。だから、この「大阪駅」は躍進する大阪の町のシンボルとも言えるものであった。ところが明治22（1889）年に大阪市が発足するや、大阪市は市内の鉄道を一元的に管理しようと考えた。つまり、このような大都会では鉄道による収入は莫大《ばくだい》な額に上り、それを押さえることはすなわち市の収入を確保することにつながったわけなのだ。

梅田駅前　建物は阪神百貨店。

そこで、大阪市は国に対して、私鉄が大阪市内に乗り込んでくるよう国に働きかけてきたら、それを拒否するよう裏工作したのである。ところが、その戦略は明治政府によってあえなく断られ、それ以降大阪市は国に対して抵抗の姿勢を貫くことになる。

もともと、秀吉の大坂時代から江戸に向けてライバル意識を燃やしていた大阪のことである。大阪市は「大阪」駅のまん前に「梅田停車場」という駅を置いてしまった。国がつくった「大阪」駅に対抗してである。人々は「梅田ステンショ」と呼んだ。

するとその動きを察知した阪神や阪急の私鉄が大阪に乗り入れる際に、そのターミナル駅として「阪神梅田」駅、「阪急梅田」駅が完成した。さらに大阪市は地下鉄を整備するに当たって、御堂筋線は「梅田」駅、谷町線は「東梅田」駅、四ツ橋線は「西梅田」駅を置き、結局JRの「大阪駅」の包囲網が完成した。つまり、国がつくった「大阪」駅に対して、大阪市が認定した私鉄・市営の駅はすべて「梅田」駅になったということである。

大阪に行ってみればわかることだが、大阪駅周辺は大阪なのか、梅田なのか、とにかくややこしい。国と大阪市とのねじれ現象の結果がこのような結果を招いているのだが、大阪人の反骨精神が垣間見えて、これはこれでなかなか面白い。

ところで、この「梅田」という駅名の由来についてコメントしておこう。この地一帯は大阪市の北部で低湿地帯であった。もともと、田んぼの所を「埋めた」ところから「埋め田」だったのだが、イメージを変えるために「梅田」にしたに過ぎない。イメージを良くするために漢字を変えただけで、梅が田んぼにあったわけではない。こんな歴史を知って歩いてみると、梅田界隈《かいわい》も面白くなってくる。

4 針中野【はりなかの】（大阪府大阪市東住吉区）

今も残る鍼療院《しんりょういん》

大阪は人名に由来する地名が多い地域だ。かつて、大阪にある朝日放送テレビ（ＡＢＣ）で「ビーバップ！ハイヒール」という番組に2、3度出演したことがある。その番組で地名特集が組まれた際に、ゲストとして出演したのである。以前から大阪は気になっていた地域だったので、番組出演を機に、久し振りに大阪と神戸の街を2日間歩き回った。歩き回り、改めて調べ直してみると、とても面白い地名がたくさんあることに気づいた。その筆頭が「針中野」という駅名・町名である。

天王寺駅から近鉄南大阪線に乗って四つ目の駅が「針中野」。ＡＢＣ放送のスタッフによれば、この町名は江戸時代から開業している鍼療科の医院があって、その医院の名前からつけられたものだという。

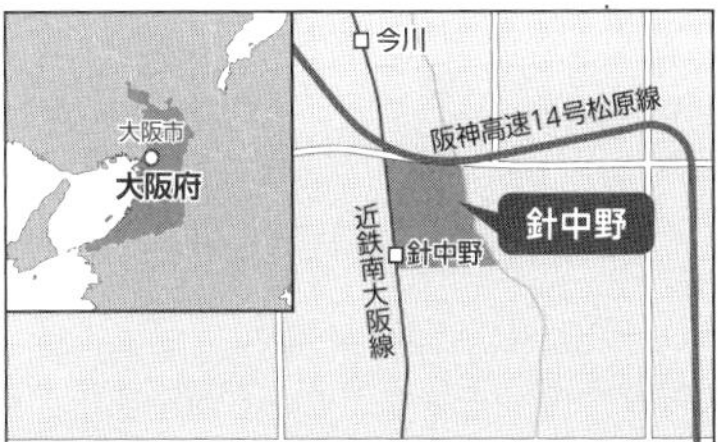

個人名からつけられたという地名というのは日本では本当に限られている。しかし、

大阪には道頓堀や宗右衛門町、心斎橋のように、その地域を開発した人々に由来する地名がけっこう多く見られる。その点で、全国の中でも大阪は突出していると言っても過言ではない。

しかし、まさか鍼療院の名前から町名が生まれたなどとは考えてもみなかった。

高架の「針中野」駅を降りてみると、何ということもないごく普通の駅だ。「はりみち」とかいう表示があると聞いていたのだが、そんなものはどこにも見当たらない。

これでは収穫はないな、とあきらめかけた。しかも、テレビの収録は1時間後に迫っている。それでもと思い、通りかかったおばあさんに、「この針中野って駅名は、昔から鍼屋《はりや》さんがあって、そこから来た町名らしいんですが……」と訊いてみた。

するとおばあさんは「すぐそこに行くとありますよ」と言う。なんでも今も営業しているというではないか。

半信半疑で、行ってみると、ほんの2、3分の所に、見事な古いお屋敷が目に入った。確かに「中野」という表札がかかっている。

その屋敷の角を曲がった所に「はりみち」という道路標識を発見！　確かにあった。

片面には「でんしゃのりば」と書いてあるから、そう古いものではないが、それにしても「針」が「道」になってしまうのだから、これはすごい話なのだ。

地元の人の話では、この中野鍼療院は江戸時代から開業していて、この地に電車が通ることになった時、この辺一帯を寄付して電車が通るのに貢献したとのこと。それで、地元の人々は中野さんに感謝して「針中野」という駅名をつけたのだという。そして、それが「針中野」という町名になったのだという。

「はりみち」「でんしゃのりば」を示す道標

この中野鍼療院は主に子どもの治療を行っていたといい、屋敷の裏手には子どもの安全・健康を祈った祠《ほこら》まである。

全国の地名を歩き回っているが、こんな地名があったのかと、正直感動した。やはり大阪は人情ある街なのだなあと、久し振りに心温まる気持ちで取材ができた。

5 立売堀【いたちぼり】（大阪府大阪市西区）

伊達家にちなむ、いたちぼり

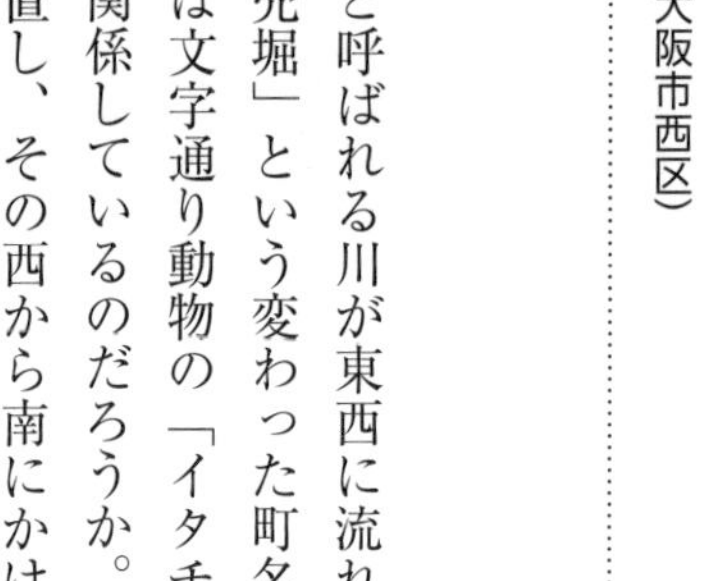

大阪市には昔、浪速区に「鼬《いたち》川」と呼ばれる川が東西に流れていた。そして、大阪市西区には「立売堀」という変わった町名がある。「いたちぼり」と読む。「鼬」は文字通り動物の「イタチ」のことだが、この「立売堀」と何か関係しているのだろうか。

大阪はその昔、北東に大坂城を配置し、その西から南にかけて東西南北に走る道路によって、碁盤の目のように整備された美しい街であった。その道路に平行して東西南北に堀が掘られ、街中の交通ルートとして機能していた。

南北に走っていた堀は、今の阪神高速環状線となっているが、それに直角に交差するように何本かの堀が東西に走っていた。そのうち現存しているのは「道頓堀」で、この界隈《かいわい》は「ミナミ」に代表される大繁華街になっている。

周知のように、商人の安井《やすい》道頓《どうとん》（1533〜1615）が開削したことから「道頓《どうとん》堀《ぼり》」と呼ばれるようになった。大阪では最も南に位置する代表的な堀で、「木《き》津《づ》川」に合流している。

その道頓堀の北に同じく東西に流れていたのが「長堀《ながほり》」で、今は埋められて「長堀通り」になっている。

立売堀川跡碑

「立売堀」はさらにその北を東西に流れていたが、今の「中央大通」の少し南に位置していた。

今はその痕跡はほとんど見られないが、株式会社花王の大阪事業所の入口に「立売堀川跡」という小さな記念碑が建てられており、そこには「寛永三年（一六二六）開削、昭和三十一年（一九五六）埋立」と刻まれている。３００年以上も大阪の街の発展に尽くしてきた堀ということになる。

さて、肝心の「立売堀」の由来だが、動物のイタチとは無関係である。『摂津名所図会大成《せっつめいしょずえたいせい》』（摂津国の名所を絵画と文章で紹介した地誌。1796〜98年刊行。全9巻12冊）によると、「大坂の陣」の際、この地が伊達家の陣所となったことから「伊達《だ》堀《てぼり》」と呼ばれていたが、大坂の人々にとっては「伊達」はどう見ても「イタチ」としか読むことができず、「伊達堀《いたちぼり》」と呼んでいたらしい。十分あり得る話である。

そもそも、伊達家のルーツは陸奥国《むつのくに》の「伊達郡」にあり、古代においては「伊達」は「いだち」「いだて」と呼ばれていた。その接頭語のような「い」が抜けて「だて」と呼ばれるようになった。だから、当時の大坂人が「いたち」と言っていたのは間違いではないのである。

ところで、その「伊達」がなぜ「立売」に変わったのかが問題である。それは、この堀を利用して集めた木材の「立ち売り」が許されて商売繁盛したところに由来するという。

花王の事業場の近くに「立売堀ビル」という古いビルを発見！　昔はもっと立派なビルだったらしい。躍動する大阪の中の古いオアシスのような建物だった。

6 関内【かんない】（神奈川県横浜市）

関の内？ 関の外？ 話は黒船来航までさかのぼる

横浜ベイスターズが優勝したのは平成10（1998）年のことだから、もう20年以上も前のことになる。ベイスターズファンが通い慣れているのは「関内」という駅である。駅から歩いて数分の所に横浜スタジアムはある。スタジアムの反対側は、歌にもある伊勢佐木町である。

今や「みなとみらい」の玄関口として知られる「桜木町駅」。だが、この駅が明治の初めにつくられた、我が国最初の鉄道のターミナル駅であることを知る人は少ない。つまり、当時の「新橋―横浜」間の「横浜駅」とは現在の「桜木町駅」のことだった。

さて、この桜木町から関内駅を経て石川町駅に至るまでの区間は、ＪＲの路線に沿って今も堀がある。この堀にクロスする形で、桜木町寄りには大岡川という川が東京湾に注いでいる。さらに、石川町駅の下には中村川という川が東京湾に注いでいる。この堀

と二つの川によって囲まれた地域を「関内」と呼び、文字通り「関の内」を意味している。

いったい、どのような「関」の「内」なのか、謎解きをしてみよう。

ペリー率いる黒船が浦賀沖に現れたのは嘉永《かえい》6(1853)年6月、翌年ペリーが再来した時、幕府はやむなく日米和親条約を結ぶことになった。その5年後の安政《あんせい》5(1858)年には日米修好通商条約が結ばれ、さらに同様の条約をオランダ・ロシア・イギリス・フランスとも締結し、鎖国体制は終わりを告げた。安政6(1859)年には、横浜・長崎・箱(函)館の3港が開港されたが、もちろん横浜がその中心だった。

その横浜には、開港以来多くの外国人が居留地に住むことが定められたが、それは「山手」と「山下」の両方にわたっていた。「山手」とは現在の石川町の南の山の手であり、「山下」は現在の「山下公園」一帯である。当時は日本人による外国人殺傷事件が相次いで起こっていた時期であり、幕府は川と堀で囲んだ地域を人工的につくり、そこへ出入りする橋のたもとに「関門」を設けてチェックした。その内側が「関内」であり、外側が「関外」であった。したがって伊勢佐木町は「関外」に当たる。

発展を続けた横浜に慶応2(1866)年、大火が襲い、関内の3分の1が焼失してしまった。そこで、幕府は居留地を使用している諸外国と協議して、次のような復興を行った。

①遊郭を関外に移し、公園をつくる（今の横浜公園）。
②幅18メートルの道を3か所に設ける（馬車馬通り・海岸通りなど）。
③幅36メートルの道を公園から海岸まで通す（日本大通り）。

関内の入口であった吉田橋関門跡

港町横浜で欠かせないのが中華街である。横浜に住む中国人の数は日増しに増え、明治42（1909）年には6200人にも及んでいた。ところが、大正12（1923）年9月1日の関東大震災で壊滅的な打撃を受け、華僑《かきょう》の死者は1700人以上に及んだという。その時の建物の残骸《ざんがい》はその後、山下公園を整備するために使われたという。

横浜の隠れた歴史の一端だ。

7 国分町【こくぶんちょう】（宮城県仙台市）

千葉県の国分氏が移ってきてつけられた

昼間の国分町は何となく間が悪い。落ち着かないのである。仙台の国分町と言えば知らない人がいないほどの繁華街だ。若い頃は何軒も飲み歩いた思い出の街だが、今は昔といったところか。

豊臣秀吉による奥州仕置によって伊達政宗が岩出山《いわでやま》城に移されたのは天正19（1591）年のことだが、秀吉が亡くなり（1598年）、さらに関ケ原の戦い（1600年）の結果を見て、政宗が現在の仙台に移ったのは慶長6（1601）年のことである。

今の仙台城の場所には「千代《せんだい》城」という城があり、それまでは「国分氏《こくぶんうじ》」という氏族が居城していたというのが通説になっている。

そのことはずっと昔から知っていた。ただ、その「国分氏」というのは、陸奥国にも国分寺があったわけだから、その国分寺にちなむ一族だろう程度にしか考えが及ばな

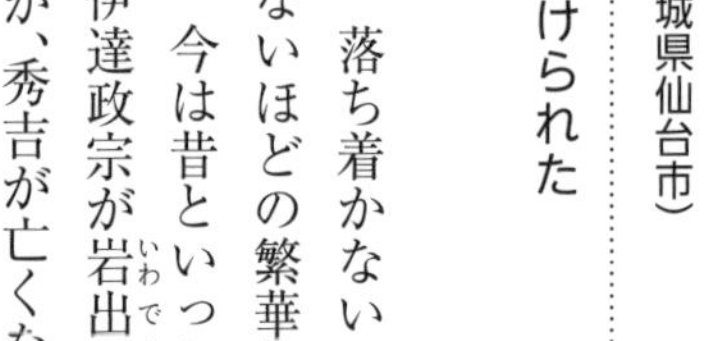

かった。

現に、国分町《まち》（江戸時代にはこう呼ばれていたという）は、戦国時代に陸奥《むつ》国分寺の門前の住人たちが千代（後の仙台）を建設の際に移住してできた町とされているのだから、「国分」という地名はまさに陸奥国分寺にちなむものという話になる。

ここで終わったら何も面白くはない。思わぬ発見があった！

『封内《ほうない》風土記』（仙台藩が編纂した地誌。1772年完成）に「仙台城」についてこう書かれている。

「伝え聞くことによれば、昔千葉上総介《かずさのすけ》平常胤《つねたね》の五男に当たる五郎胤道《たねみち》（一般には「胤《たね》通《みち》」）が宮城郡国分荘を領してこの城に居住したことによって国分と称されるようになった」（原文は漢文）

ここに言う「千葉上総介平常胤」とは千葉常胤（1118〜1201）のことで、頼朝を助けて鎌倉幕府を開いた最大の貢献者と言われる人物である。地元の千葉市では、平成30（2018）年に生誕900年を記念するイベントも行われている。

その常胤には6人の息子があり、「千葉六党《りくとう》」と呼ばれた。その五男が「胤通」で、一般に「国分胤通」と呼ばれている。ここに「国分」が登場する。この「国分」は下総

謎を残す国分町

国の国分寺のある現在の千葉県市川市国府《こうの》台《だい》に領土を拝したことによる。

つまり、この筋で言えば、仙台の国分町のルーツは千葉県市川市であるということになる。これを知る人は少ない。

実際に国分氏が下総から陸奥に移ったのは胤通から6代後の盛胤の時期で、さらに政宗の政略によって伊達家に組み込まれたのは、さらに数代後の盛氏の時代であった。

こうなってくると、がぜん歴史は面白くなってくる。下総の国分寺と陸奥の国分寺の間には何か関連があったのか？　いや、国分氏が下総国からやってきたとすれば、陸奥国には国分氏は存在しなかったのか？

東北大学出身の豊田武氏によれば、国分氏が千代城に居城した確証はないともいう。歴史の解釈は様々だが、肝心な点は、歴史を考えるポイントを見つけることである。

8 二階堂【にかいどう】（神奈川県鎌倉市）

奥州平泉に学んだ源頼朝の夢

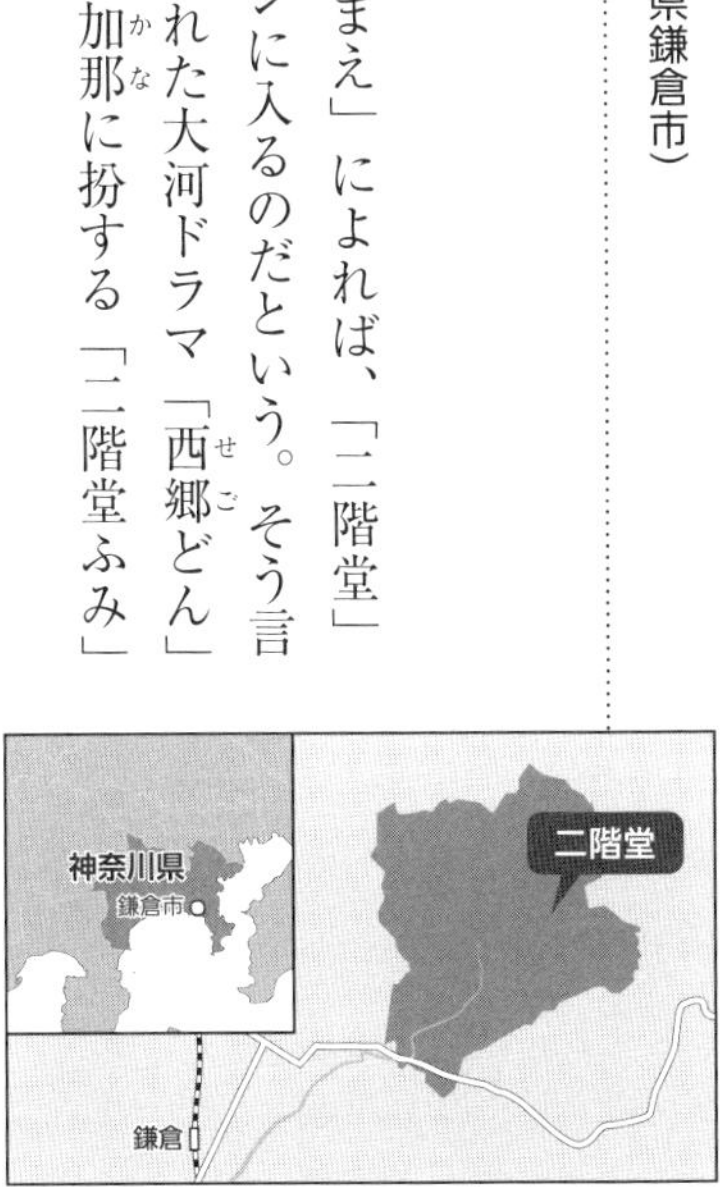

ＮＨＫの人気番組「日本人のおなまえ」によれば、「二階堂」という苗字は憧れの苗字のベストテンに入るのだという。そう言えば、平成30（２０１８）年に放送された大河ドラマ「西郷《せご》どん」でも、吉之助（後の西郷隆盛）の妻・愛加那《あいかな》に扮する「二階堂ふみ」の好演が光っていた。

「二階堂」という苗字のルーツは「二階堂」という地名によるものだが、その地名は今も古都鎌倉に残っている。しかも、そこには源頼朝のある「思い」が込められていた。その思いとは何か？　真相に迫ろう。

文政12（１８２９）年に書かれた『鎌倉攬勝考《かまくららんしょうこう》』には「二階堂廃跡」としてこう記されている。

「今は二階堂村と称し、古への結構も名のみ残れり。土人は山の堂又は光堂とも唱へ、礎石今田の中に存す。（中略）其発起のことは、奥州平泉の秀衡建立せし二階堂に擬して、造営しける梵閣なり。寺号は永福寺《ようふくじ》と名付け給ふ」

簡単に訳すと、この二階堂村にはかつてお堂があり、それは奥州平泉にあった二階堂を模して造られ、永福寺と名づけられた、ということになる。

源頼朝が大軍を送り奥州平泉を征討したのは文治《ぶんじ》5（1189）年のことだが、その時頼朝が目にしたのが「二階堂」と呼ばれた大長寿院《だいちょうじゅいん》という寺院だった。この寺院は宇治の平等院を模して造られたもので、正面中央に二階建てのお堂がすえられていた。

奥州藤原氏四代が築いた文化は始まったばかりの鎌倉をはるかに凌駕《りょうが》していたと言っていいのだろう。東国《あづまのくに》（関東）から駆けつけた武士たちは平泉の豪華絢爛《けんらん》たる文化を驚きの目をもって見たに違いない。

おそらく当時は二階建てのお堂はまったく想像を絶するほどのものであった。鎌倉に戻った頼朝が早速平泉で見た大長寿院を模して二階建ての寺院を建立しようと決意したのは当然の成り行きであった。

頼朝の思いは、京都や平泉に負けない文化を鎌倉に根づかせようとすることにあった。その一端が二階堂と呼ばれた永福寺建立であった。

二階堂が建てられていた跡

『吾妻鏡《あづまかがみ》』元仁《げんにん》元（１２２４）年一月四日条に、北条政子が二階堂にある藤原行政《ゆきまさ》の家に赴《おもむ》こうとしたとある。藤原行政のルーツは伊豆国であり、鎌倉幕府の要職を務めた行政が永福寺辺りに居を構えたことから「二階堂」を称したという。

二階堂という地区は鶴岡八幡宮から東に1キロ余り行った所にある。廃寺跡は鎌倉宮《かまくらぐう》のすぐ裏手だ。二階堂のお堂そのものは応永《おうえい》12（１４０５）年の火災以降、再建されずに歴史からは消えてしまったが、近年の発掘調査により、どのような建物であったかがＣＧで再現されている。写真正面の礎石が二階堂跡で、その奥に薬師堂、手前に阿弥陀堂が配置されていた。右の低地は池だった。

宇治の平等院、平泉の大長寿院、そして鎌倉の永福寺とつなげてみると歴史の変遷が見えてくる。

9 雪ノ下【ゆきのした】（神奈川県鎌倉市）

あの繁華街の「雪ノ下」とは？

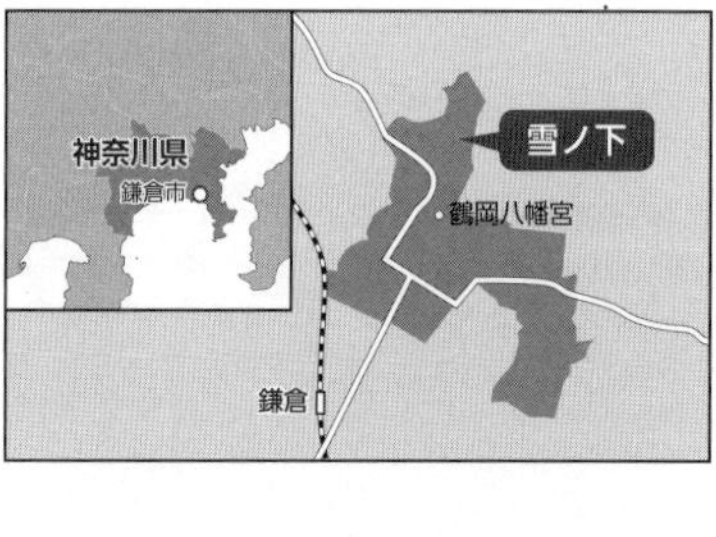

昔からの疑問だった。なぜ鎌倉に「雪」にちなんだ地名があるのだろう？　昔は確かに今よりも雪が多く降ったにせよ、「雪ノ下」とはいささかオーバーなのでは？　と思っていた。

この最初の疑問はすぐ解けた。この地に昔、「氷室《ひむろ》」があったというのである。氷室とは氷を夏までためておく室のことである。

私は長野県松本市の山の中に生を受けたが、その村にも氷室はあった。昭和20年代の話である。冷蔵庫もない時代、子どもが熱を出すと冷やすためにそこに氷をもらいに行ったという話を聞いていた。

奈良県天理市には氷室神社というそのものずばりの神社もある。そこには昔、氷をつくったと伝える池も残されている。

だから、鎌倉に氷室があり、そこから「雪ノ下」という地名が生まれたとしても何ら不思議はない。

『吾妻鏡《あづまかがみ》』建久《けんきゅう》2（1191）年二月一七日条によれば、この日雪が降り五寸（15センチ）積もったという。頼朝は雪見をするために別当円暁《べっとうえんぎょう》の坊《ぼう》に出向き、連歌を楽しみ円暁が杯酒を献上した。

そして、こう記している。

「山辺の雪を取って長櫃《ながひつ》に納め、竪者《りっしゃ》の坊に送り遣わされた。その場所は山陰であり、日差しから隔たっていたので、氷室を構えてしのぐよう命じられた。このついでに参上していた人々も白雪を運送したという」（現代語訳）

「竪者」とは法を説く役目を務める僧のことで、その坊の近くに氷室を造ったということになる。

では、その氷室は「雪ノ下」のどの辺に造られたのか？

現在の「雪ノ下」のエリアは一丁目から五丁目まで広がっているが、その大半は鎌倉の繁華街か住宅街である。JR鎌倉駅から小町通りを北に上ると鶴岡八幡宮の前につながるが、八幡宮にほど近くなって地名が「雪ノ下一丁目」に変わる。

周囲は若者たちであふれる飲食店街である。とてもこんな繁華街に氷室があったとは

鶴岡八幡宮　正面左手奥に氷室はあった。

考えられない。

先に紹介した『吾妻鏡』によれば、頼朝は円暁の坊に雪見に出向いたとある。

当時このような坊が25もあり、俗に「鶴岡二十五坊」と呼ばれたという。その場所は写真の八幡宮の左手奥であった。写真でもわかるように、相当な日陰地で、氷室を構える立地としては向いていたと言っていいだろう。

頼朝には、夏でも氷を楽しめる生活を実現したいという強い思いがあったに違いない。

京都の朝廷に氷を送るための氷室は、大和国・近江国・丹波国に各1か所、山城国には6か所設置されていた。頼朝はそのことを当然知っていたはずで、鎌倉にも氷室を造ろうとしたと考えられる。

10 新宿【しんじゅく】（東京都新宿区）

東京の大繁華街に隠された歴史

ＪＲ新宿駅南口改札の広場は待ち合わせの若い人々でいつもごった返している。その前に高架状の道路が左右に走っているが、それがかつての甲州街道だと知っている人はどれくらいいることだろう。とにかく新宿は「現代」に忙しく、「過去」を顧みる余裕がない。

この甲州街道沿いに「内藤新宿」という宿場が設置されたのは、今から３００年余り前の元禄《げんろく》11（１６９８）年のことである。それまでの甲州街道の第一の宿は高井戸宿だったのだが、日本橋からの距離が遠かったということ以外に、この地に遊郭を設けようとした商人たちの打算が絡んでいた。

「内藤新宿」と呼ばれたのは、ここに信州高遠《たかとお》藩主内藤家の屋敷があったことによる。今の新宿御苑である。だから、新宿はとても信州とのつながりが深い。

今の四ツ谷駅からまっすぐ新宿駅東口に向かう道路が新宿通りだが、これが昔の甲州街道だ。街道は左手に新宿御苑を見て、伊勢丹デパートの手前から左に折れて、新宿南口を経由して甲府に向かっている。

遊郭がつくられたことにより、多くの若い女性が飯盛り女として集められ働かされた。しかし、身分の保証もない彼女らは病気になって死ぬと投げ込み寺に葬られた。新宿の投げ込み寺は、現在靖国通り沿いにある成覚寺《じょうかくじ》である。そこには娘たちを葬った「子供合埋碑《ごうまいひ》」がひっそり建てられている。新宿の悲しい歴史の一面である。

新宿にはもう一つの顔がある。新宿近くではもう見えなくなってしまったが、甲州街道沿いに玉川上水という上水路が流れていた。

玉川庄右衛門《しょうえもん》・清右衛門《せいえもん》兄弟が、多摩川の羽村から新宿まで水を引き玉川上水を完成させたのは、承応《じょうおう》2（1653）年のことである。ちょうど新宿御苑まで開渠《かいきょ》で水を引き、そこからは地下に水を流して江戸の町に送ったのである。

この玉川上水は明治に入ってもなお活用されていたが、明治19（1886）年、コレラが発生して1万人近い市民が犠牲になるという事件が発生した。

そこで、政府は欧米の近代的な上水施設を視察させ、それに基づいて初めて浄水場をこの新宿につくった。言うまでもなく、玉川上水の水を活用しようとしたからであった。場所は超高層ビルが林立する新宿西口一帯である。昭和40（１９６５）年に東村山浄水場ができるまで、この「淀橋浄水場」が東京の水の供給源であった。

新宿と水の歴史を伝える馬水槽

新宿駅東口の小さな広場に写真のようなモニュメントが残されている。これは欧米視察の際、中島鋭司博士がロンドン水槽協会からもらってきたもので、「馬《ば》水槽《すいそう》」と呼ばれている。赤い大理石で作られたもので、正面のライオン口は馬や牛、下の口は犬や猫、さらに後ろの口は人間が飲むものとされている。

第4章

数字の示す意味は？

1 三田
2 五箇山
3 六本木
4 七五三引
5 八景水谷
6 九度山
7 十三
8 十八成浜
9 千日前

1 三田【みた】（東京都港区）

「三田」はもともと「御田」だった

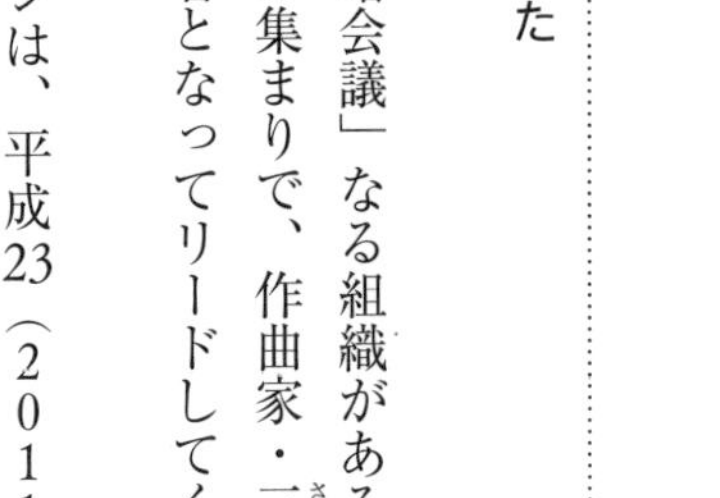

「エンジン01（ゼロワン）文化戦略会議」なる組織がある。全国に散らばる日本を代表する文化人の集まりで、作曲家・三枝成彰《さえぐさしげあき》氏や作家・林真理子氏などが牽引者となってリードしてくれている。

毎年行っているオープンカレッジは、平成23（2011）年は、2月末に新潟県長岡市で開催された。私がナビ（責任者）を引き受けた講座は「ニシへヒガシへ　旅は楽し」というものだった。この講座に登場した文化人は、指揮者・大友直人《なおと》氏、街や暮らしのプロデューサー・北山孝雄氏、それに、日本を代表する女優の一人、三田佳子さんであった。

最初に私が簡単なプレゼンをしたのだが、まず三田さんに焦点を当てた内容にした。全国の変わった地名を紹介したのだが、その一つに「平成」という地名を取り上げた。

これは「へなり」と読む。１９８９年に元号「平成」が誕生した時、全国を見渡したところ、岐阜県の武儀町《むぎちょう》（現在は関市）に「平成」という小さな集落があることがわかった。人家はわずか9戸、人口は40人という小さな集落で、ほとんど何があるというわけではない山間の村である。

ところが予期せぬ「平成時代」の到来に村は湧き、マスコミがどっと押し寄せて、この村は一躍、全国一有名な村となったのである。地元の人々は、この際ここを「日本平成村」として売り出そうとし、その名誉村長に三田佳子さんを迎えることになった。

私が現地を取材をしたのは平成４（１９９２）年頃だと記憶する。道の駅に隣接する村長室には、三田さんの写真やゆかりの品が展示されていてびっくりした記憶がある。

――なぜ三田佳子さんが村長なのか？　と。

岐阜県というところは進取の気質のある地域で、これに前後して「日本大正村」（恵《え》那《な》市）「日本昭和村」（美濃加茂市《みのかも》）がオープンし、大正村には司葉子さん、昭和村には中村玉緒さんがそれぞれ名誉村長として迎えられた。

さて、この「三田佳子」さんだが、これは芸名でいろいろ考えてこうしたのだという。三田さんはもともと大阪府で生まれ、その後東京に移り、女子美術大学付属高校卒業と

三田の由来となった御田八幡神社

同時に、東映に入社して、女優の道を歩むことになった。芸名として早稲田か慶應にちなんだ名前をつけようとしたが、早稲田ではうまくいかず、結局、慶應義塾のある「三田」としたのだという。

「三田」は、もともとは「御田」であった。平安時代に編まれた『和名抄《わみょうしょう》』（38頁参照）には、今の港区に相当する郡の名前として「御田」「桜田」の二つが挙げられている。「御田」という以上、朝廷や神宮に米を献納していたと推測されるが、その献納先は今も三田にある「御田八幡神社」であったと思われる。

三田駅から第一京浜国道を品川方面に歩いて行くと、右手にその神社がある。三田佳子さんの間接的なルーツはここにあった！

2 五箇山【ごかやま】（富山県）

五つの谷間に集落が点在したところから

富山県の五箇山と言えば、平成７（１９９５）年に飛騨の白川郷とともに世界文化遺産に指定されたことで知られる。

この「五箇山」は「ゴカヤマ」と読むが、東京辺りの感覚だとアクセントを入れず「ゴカヤマ」とほぼ同じ音程で発音する。ところが、地元では「ゴカヤマ」のように、「カ」を強く高く発音する。

このようなことを文字で表現するのは難しいが、地名の世界ではとても大事なことである。

実は富山県は私の父の故郷ということもあって、数知れないほど訪れてきた県である。ところが、五箇山には一度も足を踏み入れたことがなかった。

射水《いみず》市での講演が終わった後、親しい友人たちが五箇山に誘ってくれた。地理的には

合掌造りで知られる相倉集落

砺波《となみ》市から庄川《しょうがわ》沿いに南に入るだけなので、時間的にはそうかかる所ではない。ところが、いったん入ってみると、驚きの連続だった。こんな所が日本にあったのか、と大きな衝撃が走った。

山の高さは、南部の高い所でもせいぜい1800メートルどまり、北端では900メートルといったところだ。ところが、庄川沿いの渓谷の深さというか、余りの平地のなさに完全に脱帽した。こんなに深い山並みはこれまで見たことがない。

五箇山の由来に関しては、庄川沿いに「赤尾谷《あかおだん》」「上梨谷《かみなしだん》」「下梨谷《しもなしだん》」「小谷《おたん》」「利《と》賀谷《がだん》」の五つの谷間に集落が点在し、「五ヶ谷間《ごかやま》」と呼ばれていたのだが、それが変わって「五箇山」になったのだと、ガイドブック等では説明している。

五箇山が世界文化遺産に指定された理由は、もちろん合掌づくり集落で、30戸以上の合掌づくりの民家が残されている。

五箇山の合掌づくり集落としては、相倉《あいのくら》が有名だが、その他にも菅沼集落がある。

五箇山のその山の深さから平家の落人伝説があることでも知られる。この場合の源平の戦いは壇ノ浦ではなく、木曽義仲と戦った倶利伽羅《くりから》峠での敗戦であった。倶利伽羅峠は今でも砺波市と金沢市の間にある峠で、平氏はここで歴史的な一敗を喫したのであった。日本を代表する民謡「麦屋《むぎや》節」「筑子《こきりこ》節」は、この平家の落人伝説から生まれたものであるという。

近世になると、この地は加賀藩の直轄地となり、主に流罪の人間をかくまうことが課された。今も、流人を囲う小屋が残されていて、昔は本当に大変な所だったのだな、と思い知らされた。

そのあと、「おわら風の盆」で有名な八尾《やつお》に寄ってみたが、季節が違ったので、風の盆の踊りは見ることができなかった。やはり、あの妖艶《ようえん》な（？）風の盆を見なければ、富山県をわかったとはとても言えない。

3 六本木【ろっぽんぎ】（東京都港区）

六つの武家屋敷か、6本の木か？

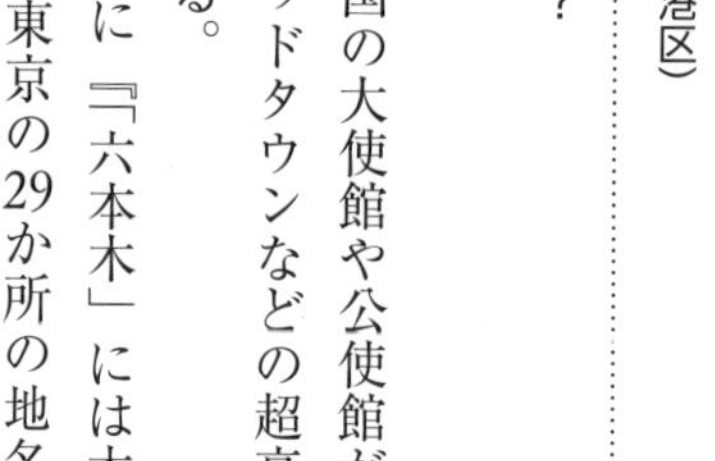

六本木は国際都市だ。近くには各国の大使館や公使館が並んでおり、近年は六本木ヒルズや東京ミッドタウンなどの超高層ビルが建ち並び、一層高級感が増している。

平成30（2018）年に上梓した本に『「六本木」には木が6本あったのか？』（朝日新書）がある。東京の29か所の地名を素朴な疑問でたどるミステリー本なのだが、まず「六本木」についての素朴な疑問を正面にすえて書いた。

これまで「六本木」に関しては、「上杉」「朽木《くつき》」「高木」「青木」「片桐」「一柳《ひとつやなぎ》」の「六大名の屋敷があったので、それにちなんでつけられた」という説と、この地に「六本の松の木があった」という説の二つがあった。

六大名説は、文政《ぶんせい》12（1829）年に出された『遊歴雑記《ゆうれきざっき》』という文献に記されているのだが、「六軒の苗字を形にして六本木と言ったというが、真実はわからない」と書かれている。この説の出どころはこの文献のみなので、結論的にはよくわからない、ということになる。

一方の「六本の松」説の根拠になる文献は『御府内備考《ごふないびこう》』である。現代語訳にすると、次のようになる。

「この町の起こりについては、龍土町の高台に古い松の木が六本あったことにより自然にこのように言い伝えられてきたが、その場所等についてはわかっていない」

「六本の松」説を裏づける資料も、やはりこの文献だけだが、この二つの説を対峙《たいじ》してみると、やはり「六本の松」説に軍配が上がろう。

「六大名説」については、この六つの大名屋敷があったという資料は存在しないこともあるが、地名研究の立場で言うならば、六大名の苗字の共通点を見出して「六本木」という地名をつけたというのは、余りにも飛躍が大き過ぎる。

「○本木」という地名は「一本木」「二本木」「三本木」など全国にたくさんあり、いずれも木の本数に由来している。その流れからすれば、この地には６本の松の木があったが、いつの間にかその場所についてはわからなくなってしまった、というのが真実で

現在の一本松

あろう。

幕末に書かれた『江戸名所図《ず》会《え》』には、その6本とは無縁だが、「一本松」のことが記されている。古く平安時代からの伝承を今に残しており、今はその場所に新しい松が植え替えられている。

この地域はかつて「麻布区」と呼ばれた所。その『麻布区史』には「六本松説」と「六大名説」を述べた後、「こんなところから世俗『麻布で気（木）が知れぬ』と云う俚諺《りげん》を生じたのかと思はれる」と書いている。

「麻布人の気が知れぬ」と「麻布の木は知れぬ」をひっかけた俚諺だということなのだろう。

ちょっと気位の高い麻布人の気心はわからないぞと、揶揄《やゆ》しているところが面白い。

4 七五三引【しめびき】（神奈川県伊勢原市）

七五三を「しめ」と読むのはなぜ？

神奈川県の伊勢原市と言えば、雨乞いの神様である大山阿夫利《おおやまあふり》神社の玄関口として知られる。江戸時代には大山にある神社を参拝する講が多く組まれ、いわゆる「大山詣《もうで》」と呼ばれる庶民の信仰の対象であった。

この地に「伊勢」にちなんだ地名が誕生したのも、大山詣が機縁であったという。

元和《げんな》６（１６２０）年、伊勢国の山田曾右衛門と鎌倉の湯浅清左衛門が大山詣の途中、千手原《せんじゅがはら》という松原に一夜の宿を求めたところ、水音を聞いて開墾可能と悟り、それをきっかけにこの地の開墾が始まり「伊勢原」の地名が誕生したという話である。開墾の出発点は現在の「伊勢原市上粕屋《かみかすや》・下糟屋《しもかすや》」辺りだという。

そんな伊勢原に「七五三引」という地名がある。全国各地にある「七五三」地名の一

つである。「なごみ」と読みそうだが「しめ」と読む。

ところが「七五三」をなぜ「しめ」と読むのかがわからない。「しめ」は注連縄《しめなわ》のことなので、注連縄をなう藁《わら》の割合ではないか、はたまた吊るす紙の比率ではないか等々、諸説紛々《しょせつふんぷん》とはこのような事態を言うのだろう。

こうなったら現地に行って自分の頭で考えるしかない。小田急の伊勢原駅北口からほぼ一直線に北に向かう通りがある。これが大山詣の最後の旅路である。

この街道が現在の東名高速道路と交差する地点が「七五三引」であった。バス停の表示はご覧の通り「〆引」である。これも珍しい！

バス停の前の広場に小さな神社が鎮座している。五霊《ごりょう》神社である。今は説明書きの看板の文字もほとんど見えないが、かつては広い境内を有していたと思える。

でも、この地点が阿夫利信仰では重要であったのだ。

『皇国地誌《こうこくちし》残稿　相模国大住郡粕谷村地誌』には、「往古ヨリ大山ヘノ注連《しめ》ト称シ、六月二十七日ヨリ七月十七日マデ、石尊宮大祭中、此ヨリ内へ、魚類ヲ厳禁セシト云フ」と書かれている。

つまり、大祭中は、この地に「七五三引き」を行い、これより上には魚類を一切持ち

「〆引き」バス停の真ん前にある五霊神社

ちょっと珍しいバス停名

込んではならぬ、という意味での「しめ」だったのである。

もともと大山街道の「二の鳥居」もこの地にあったということで、その意味でも、重要な場所だったのだろう。

「注連」という言葉は神社の社殿に飾る注連縄から発したものである。それがいつのまにか、子どもの成長を祝う七五三も「しめ」と呼ぶようになった。それはなぜか？

神社は注連縄をくぐると神が鎮座する「聖域」となる。これは「空間的な聖域」を意味する。

それに対して子どもの成長の場合は「時間的聖域」を意味していると考えられる。

「しめ」とは空間的・時間的「区切り・仕切り」のこと？　宴会の「中締め」なんて言葉もある。

――深いですね。

5 八景水谷【はけのみや】（熊本県熊本市）

崖から水が湧き出る水源地

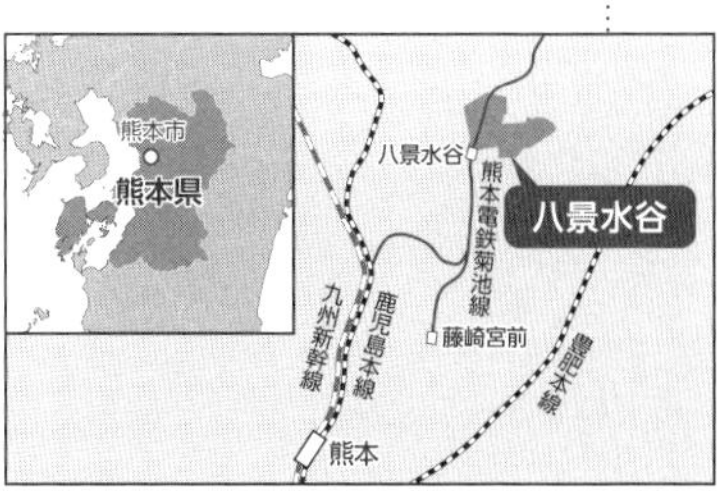

水はその土地の人々にとって、欠くことのできない生活の源。その水源が景勝地として今に続いている。

もう40年近くも前の話だが、熊本市内の小中学生を対象に地名の授業をしたことがある。その授業の冒頭で取り上げたのがこの「八景水谷」である。

熊本市内では「八景水谷」は水源地として知られ、また行楽地としても親しまれている。もちろん地元の人は「はけのみや」と読むことは知っている。

漢字で見ると美しい光景が浮かんでくる。「八景」という地名は全国各地にあり、その地域の八つの名所を指している所が多い。

この「八景水谷」もそれなのか——？

この地は熊本市内の北部に位置し、今は「八景水谷公園」として整備され、市内の桜の名所として3月には多くの人々で賑わう。公園の看板にこう書いてある。

「第5代肥後《ひご》藩主細川綱利《つなとし》公が、この水谷に茶屋を造り、そこからの眺めが中国の『瀟湖八景《しょうこはっけい》』にちなんで八景を選んだことから『八景水谷』と呼ばれるようになりました」。

こうした事実があったのかもしれないが、そこにルーツがあると考えるのは間違いだ。

実はこの「八景水谷」、地形ですべて説明できる。「八景」とはもともと「ハケ」のことで、「崖《がけ》」のことである。「ハゲ」「ホキ」「ボケ」などとも言う。「ハケ」は「八景」の他に「波気」「波介」「羽下」とも書くが、いずれも「崖」を意味している。「ハゲ」も同類で高知県には「半家《はげ》」がある。いずれも崖で崩壊地である。「ハゲ」は「ハガレル（剥がれる）」意味もあり、土地が崩落する危険性を予知していると言っても良い。

「ボケ」は徳島県の吉野川上流の「大歩危《おおぼけ》・小歩危《こぼけ》」が有名で、ここも崩壊地である。片仮名で表記されるこれらの地名はおそらく縄文以前からごく自然に使われていたもので、漢字が入ってきてから、このような当て字が使われたのである。

「水谷」は文字通り「水の谷」である。周囲は20メートルほどの崖に囲まれて、その下からはこんこんと水が湧《わ》き出している。いわば扇状地の湧水地《ゆうすいち》であり、大正13（1924）年に、八景水谷を水源地として上水道が整備された。今でもレンガ造りの

「ハケ」から水が湧き出ている八景水谷

水の科学館が残されている。八景水谷を水源として得られた水は、近くの立田山《たつだやま》に送水され、標高73メートルの立田山配水池から市内中心部に供給したという。

これほど見事に「ハケ」と「ミヤ」が重なって見える所は珍しい。新鮮な湧き水と美しい公園で心の安らぎを感じさせてくれるスポットだ。私が訪れたのは2月半ばの日曜日だったが、その前日、東京及び関東は歴史に残る大雪に見舞われ、飛行機が全面ストップし、やむなく熊本まで新幹線を乗り継いで駆けつけた。穏やかな熊本の八景水谷を歩いていると、まるで異国にいるかのような錯覚に陥った。

熊本市内にはもう一つ「水前寺」という水源地もある。

6　九度山【くどやま】（和歌山県九度山町）

真田一族と弘法大師伝説

平成28（２０１６）年のＮＨＫの大河ドラマ「真田丸」は尻上がりに人気を集めた。それは、何と言っても真田をめぐるストーリーの面白さによるものであったと言えよう。

秀吉と家康の狭間に立たされ、真田昌幸《まさゆき》と信之《のぶゆき》・信繁《のぶしげ》（後の幸《ゆき》村《むら》）兄弟が敵味方に分かれて戦うといった構図は、まるでフィクションのような面白さをはらんでいる。

関ケ原の戦いで、真田昌幸と信繁は西軍（石田三成）につき、信之は東軍（徳川家康）についたことから、真田家は二つの道を歩まざるを得なくなる。これが運命の始まりであった。

西軍はあっけなく敗北し、昌幸・信繁父子は、本来は切腹ものであるに関わらず、信之と本多忠勝の嘆願によって一命は助けられ紀州九度山に蟄居《ちっきょ》させられることになる。

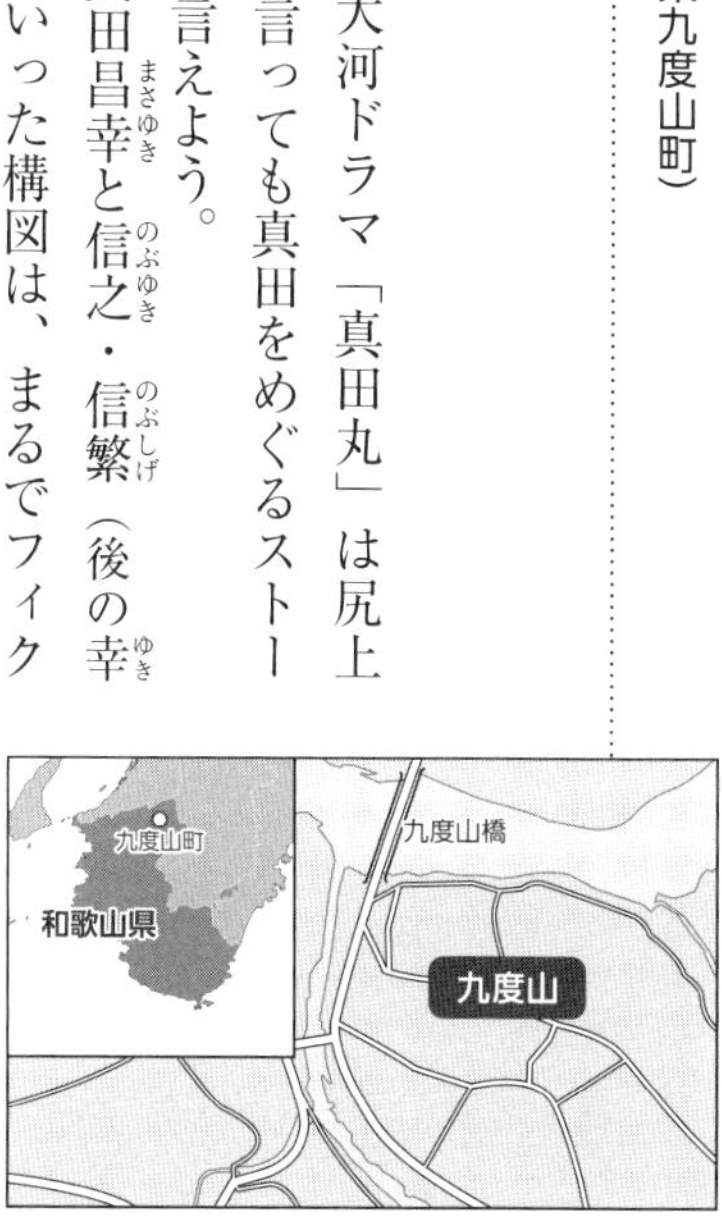

空海が母を思って通ったという慈尊院

昌幸は慶長16（1611）年、失意のうちに世を去り、その後信繁は名を真田幸村と変え、九度山を脱して大坂城に入り、大坂冬の陣（1614年11月）で「真田丸」を築いて徳川軍を危機に陥れたことは周知の通りである。

今回はこの「九度山」という地名の由来である。九度山町《ちょう》は空海が開いた高野山の麓にある町である。空海が嵯峨天皇から高野山の地を賜ったのは弘仁《こうにん》7（816）年のことだが、高野山の登り口で参詣の要所に当たるこの地に政所《まんどころ》（事務所）を置いたのが始まりであった。

空海の母が高野山を見たいと讃岐国からやってきたものの、高野山は女人禁制なので山に登ることはできず、政所に滞在せざるを得なかったという。そこで、空海はひと月に九度、年老いた母を訪ねたところから「九度山」の地名が生まれたと言われている。

南海高野線の「九度山駅」は「山」というよりも山に登る入口といった所に位置している。駅前の道を少し下った所から九度山の街がつながっている。街の中心地に昌幸・信繁父子が蟄居させられた場所に建てられた「真田庵」という寺院がある。お城の形をした本堂の前に昌幸の墓がある。胸をしめつけられる思いが募る。

そこからさらに10分余り行った所に、慈尊院《じそんいん》という真言宗のお寺がある。この地に空海の母が滞在し、亡き後その霊を弔ったのがこの慈尊院なのだという。

境内の一角に3メートル近くもある五輪卒塔婆《ごりんそとば》（五輪塔）の石柱が建てられている。これは「町石《ちょういし》」と呼ばれるもので、１町（約１０９メートル）ごとに高野山金剛峯寺に至る24キロにわたって延々と立ち並んでいるという。空海が開いたものとされている。

母を訪れたひと月「九度」という数字は厳密なものではなく、「多く」といった意味であろうが、日本史を彩る天才空海の母を思う優しさを物語るエピソードである。

九度山は全国に名を知られた富有柿《ふゆうがき》の産地。無人で売られているのがすごい。

7 十三【じゅうそう】（大阪府大阪市淀川区）

条里制か、渡しか？

大阪の阪急電鉄の「十三駅」は要《かなめ》になる駅である。「梅田」を出ると「中津」を経て「十三」に着くが、この十三駅で神戸線と宝塚線と京都本線に分かれる。「十三」と書いて「じゅうそう」とはとても読めない。十三駅は明治43（1910）年の宝塚線開通と同時に開業し、その後大正10（1921）年に神戸本線、さらに翌11（1922）年には京都本線が開通している。

「十三」と書いて「じゅうそう」と読むのは極めて珍しいが、「三」という漢字は人名の場合は「そう」または「ぞう」と読むことがある。大正・昭和期の作家として知られる「山本有三《ゆうぞう》」「倉田百三《ひゃくぞう》」などはその代表だ。

これまでこの「十三」の由来については、大きく二つの説があった。一つは古代条里制の「十三条」から来たというもの。もう一つは淀川が摂津に入った上流から数えて

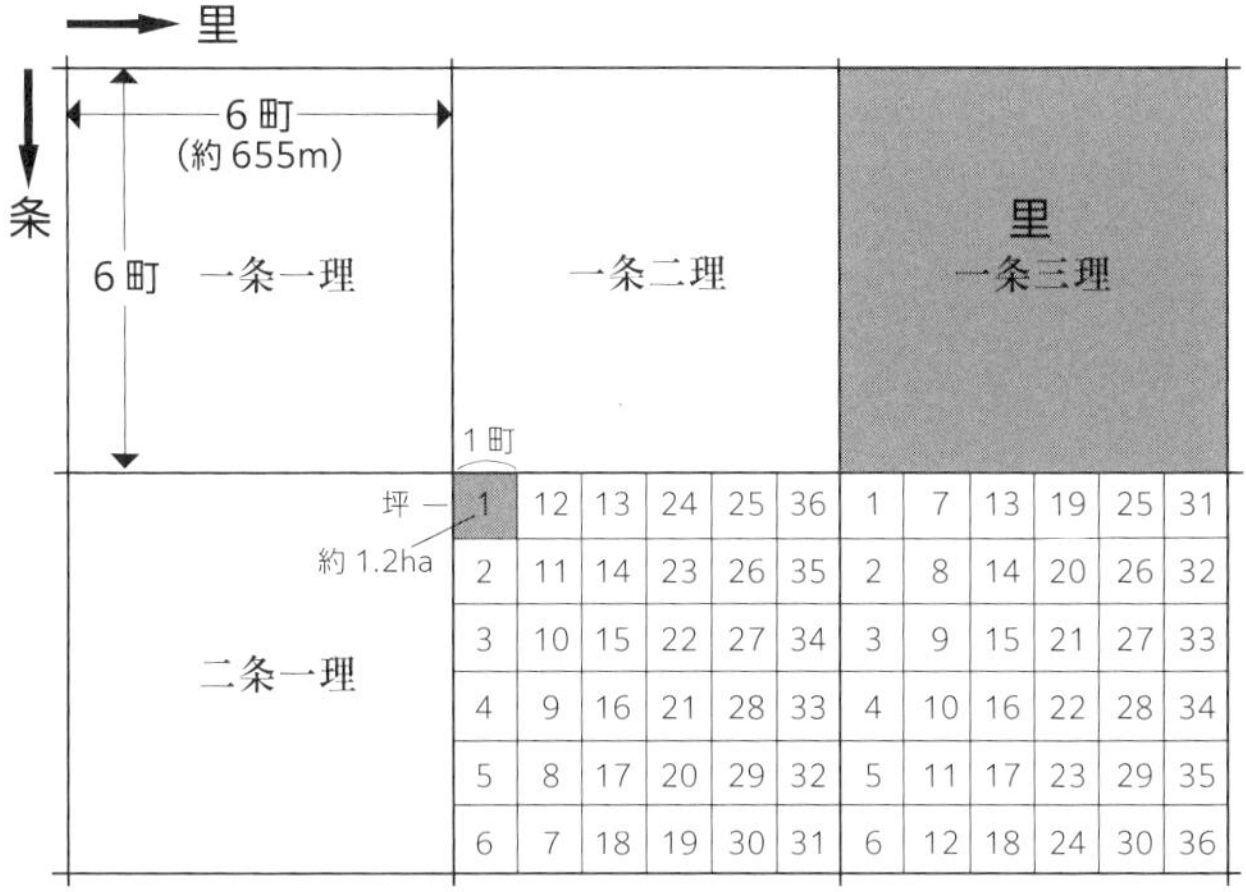

条里制の仕組み

十三番目の渡しであったことによるという説である。このうち、条里制説は条里制の基本的理解が欠けているところから生まれたものである。

　条里制とは古代の土地区画制度の一つであって、図で示すように、一辺の長さ六町（約６５５メートル）四方を「里」として、これを東西に一里・二里・三里……と配置する。そしてその里に即して南北に「条」を一条・二条・三条……と配置する。その六町四方を「一条一里」「一条二里」「二条一里」という具合に整理したのである。

　つまるところ、条里制というのはかなり広範囲の田畑を整備するためにつくられた土地制度であることが理解されよう。現在の十三の地域はもともと淀川河口の低湿地帯で、まともな田んぼが整備されるような土地ではない。川の堤防が整備されるのは明治29（1896）年に河川法が制定されて以降の話であって、それまでは川が氾濫すればなすがままにされていたのであり、この土地が古代条里制によって整備されてきたという説はまったく当たらない。

明治後期に出版された『大日本地名辞書』を書いた吉田東伍《とうご》（1864〜1918）は「中津村大字光立寺《こうりゅうじ》の渡津《としん》（渡し場）を十三と呼ぶ、即中津川の筋なり」と書き、さらに「城将織田長頼《ながより》十三（地名）の渡を戍《まも》る、肯《あえ》て戦はずして退く」と記している。ここにあるように、十三はあくまで渡しであって、条里制が敷かれるような田畑ではなかった。

結局、十三の由来は淀川の十三番目の渡しであったと考えるのが妥当な線ということになる。

8 十八成浜【くぐなりはま】（宮城県石巻市）

「クックッ」を数字に変えた知恵

十八成浜の浜辺を歩くと「クックッ」と音が鳴る。その音を「九十九」で「十八」と表記したことに昔の人のユーモアを感じる。牡鹿《おしか》半島の大部分は牡鹿郡牡鹿町だったが、平成17（2005）年の大合併によって石巻市に編入されるかっこうになった。東北には秋田県に「男鹿半島」があるが、秋田は「おが」で、宮城県の方は「おしか」である。

「牡鹿」という地名が文献上初めて登場するのは天平9（737）年で、「牡鹿の柵《さく》」があったことが『続日本紀《しょくにほんぎ》』に記されている。

当時、大和朝廷は蝦夷《えぞ》と戦っており、いくつかの柵をつくっていたが、「牡鹿の柵」もその一つである。

「牡鹿」という地名にはこんな伝承がある。

——牡鹿郡根岸村に1本の松の木があったという。その昔、牡鹿《おじか》は常に牝鹿《めじか》を伴っていたものだが、ある日牝鹿を失った牡鹿が鳴きやまず、ついにその牡鹿は亡くなってしまった。村人はそこに松を植えた。その松の下にあった石を鹿石と呼んだ。そこから郡の名前も牡鹿郡と呼ぶようになった——。

この牡鹿半島には「桃浦《もものうら》」「月浦《つきのうら》」などの「浦」のつく地名がいくつかあるが、その他はほとんど「荻浜《おぎのはま》」「鮎川浜《あゆかわはま》」など「浜地名」によって占められている。

「十八成浜」はその一つである。鮎川は昔から捕鯨の基地として知られるが、金華山へ渡るフェリーの基地でもある。「十八成浜」はその「鮎川浜」の手前にある浜である。ここはかつて美しい浜が入り江をつくり、夏には1万人もの海水浴客で賑わっていたというが、東日本大震災の津波で壊滅的な被害を受けた。震災の影響で地盤が1メートルも沈下し、広く広がっていた浜も海面下に消えてしまった。

最初に行って目にしたのは、浜に延々と続く消波ブロックによる防波堤だった。もう「あの十八成浜」はなくなってしまったのかとがっかりしたのだが、その先に「十八成公園」の看板が建てられ、わずかだが浜が残されていた。

この「十八成浜」は昔から「鳴り浜」として地名の世界では注目を集めていた。いわ

わずかに残されている十八成浜

ば、地名研究者から見れば、いつか行って会ってみたい「恋人」（？）のような存在なのだ。

「鳴り浜」とは、歩くと「クックッ」と音がするという浜のことである。世界的にこのような鳴り浜は、中国の敦煌《とんこう》やバイカル湖の砂浜にあると言われている。日本では、この十八成浜の他に、気仙沼市の大島にも「十八鳴浜《くぐなりはま》」がある。気仙沼では「鳴」を使い、石巻では「成」を使っているが、同じことである。

面白いのは、「クックッ」という音を「九＋九」で「十八」と表記していることだ。これは昔の人のアイデアであると同時に、知恵と言ってもいいだろう。

岩手県大槌町《おおつちちょう》にある「吉里吉里《きりきり》」という町名も、浜を踏むと「キリキリ」と音がしたことによってつけられた地名である。

9 千日前【せんにちまえ】（大阪府大阪市中央区）

「千日念仏」を唱えたことから

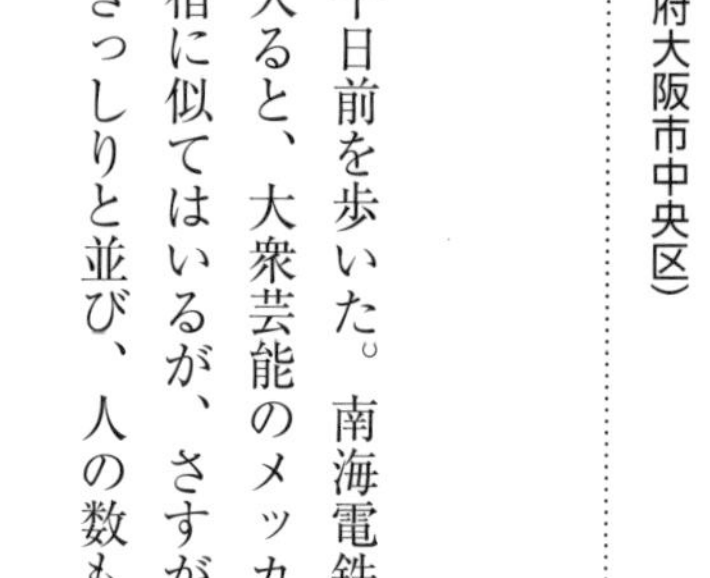

久し振りに大阪ミナミの繁華街、千日前を歩いた。南海電鉄のターミナル駅「なんば駅」から一歩入ると、大衆芸能のメッカたる千日前の繁華街である。東京の新宿に似てはいるが、さすがに格が違うという感じだ。食べ物屋がぎっしりと並び、人の数も半端ではない。

その繁華街の一角に「なんばグランド花月」がある。言わずと知れた吉本興業の本拠地である。

ふと目をやるとその前に、NMB48シアターがある。実はこのNMBの女子たちを対象に大阪の地名の授業をするために来た取材旅行だった。

「千日前」とはどういう意味なのかと問うことから番組は始まる。時間的に「千日前」という意味ではもちろんない。

「では何の前ですか？」

法善寺横丁として知られる法善寺は、今は小さな一角に収まっている状態だが、江戸時代にはずっと大きかった。浄土宗の寺なので、南無阿弥陀仏と唱えることが修行である。

「ミナミ」の中の「ミナミ」として知られる法善寺横丁

この法善寺の隣に昔「竹林寺《ちくりんじ》」というお寺があったという。竹林寺は今はないが、別に「千日寺」と呼ばれたという。そこで、その「千日寺」の「前」だったので、「千日前」という地名が誕生したのだという。

さて、話はさらに下って……。大坂の陣で大坂城が落城した後、大坂の墓地を整理し、この千日前の地に集めて「千日墓」とした。

いわゆる大坂七墓地の一つである。天保8（1837）年の絵図にも「千日墓」という文字が見える。この地は江戸時代には刑場で、人骨がゴロゴロしていたらしい。

明治になって刑場が廃止され、墓地も阿倍野地区に移されたが、街を整備しようにも土地の買い手が見つからない。やむを得ず大阪市は一坪50銭のお金を出すことにしたが、それでも買い手は現れない。

そこに登場したのが奥田弁次郎という人物で、彼はここに見世物小屋をつくって人を集めたのだそうだ。見世物小屋に人を集めれば、この一帯に広がる人骨混じりの土地も踏み固められると考えたのだという。

これが大成功して、この地に娯楽施設が次々に建設されることになった。明治45（1912）年の大火災「ミナミの大火」の後、ここに一大娯楽センター「楽天地」が設けられ、繁華街として今日に至っている。……ざっとこんな話である。

吉本興業がこの地になんばグランド花月を開場したのは昭和62（1987）年のこと。それ以降、吉本新喜劇の本拠地となっている。

そこから北にわずかの距離にある千日通りに面した一角に、無縁仏が今もひっそりと祀られている。

第5章

伝説を今に伝える地名

1 姫島
2 及位
3 東尋坊
4 鉄輪温泉
5 鬼無里
6 鴻巣
7 姨捨
8 走水
9 女化
10 鬼首
11 不来方

1 姫島【ひめしま】(大分県姫島村)

姫はどこからやって来たのか?

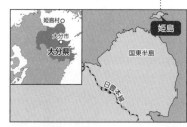

大分県の北東に大きく突き出している半島が「国東《くにさき》半島」だが、その半島の北に小さく浮かぶ島が「姫島」である。

何とも香《かぐわ》しい名前の島だが、島全体が「姫島村」で、大分県にただ一つ残された貴重な村である。

およそ30万年前から噴火を繰り返してきた島で、その地層の学術的意義からジオパークとして多くの研究者の研究の対象になっているという。

姫島には以前から一度は行ってみたいと考えていたが、平成30(2018)年1月、縁あって姫島を訪れることができた。

『古事記』による国生み神話によると、「イザナギ」「イザナミ」の二神が「大八嶋《おおやしま》」を生んだ後に続けて生んだ島の一つが「姫島」だといい、別名「天一根《あめひとつね》」と呼ばれたという。

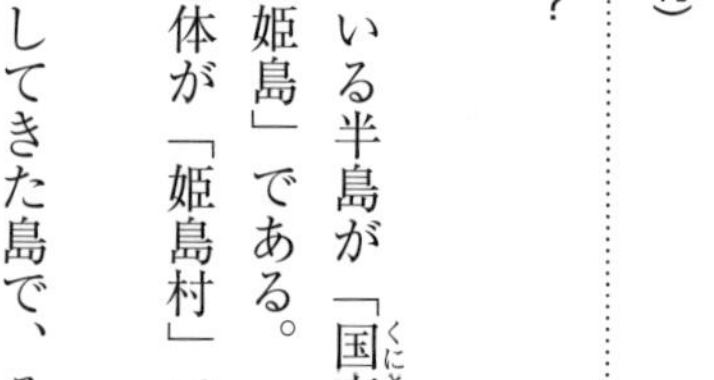

これだけでもすごい話なのだが、さらに『日本書紀』にはこの姫にまつわる話が縷々《るる》語られている。およそこんな話である。

垂仁《すいにん》天皇の前の崇神《すじん》天皇の御世、一人の人物が今の敦賀にやってきた。

神秘を感じさせる比売語曾社の奥宮

「どこから来たのか」と問うと、「意富加羅国《おほからのくに》」の王《こきし》の子で、名は都怒我阿羅斯等《つぬがあらしと》」と言った。その者は崇神天皇が亡くなった後も垂仁天皇に3年仕えたが、国に帰りたいというので、帰国させた。

一説によると、阿羅がまだ本国にいた時、牛が急にいなくなってしまった。牛の代わりにもらった白い石は神石で、美しい乙女に変化したという。ところが、その乙女は突如姿を消してしまい、「東方に行った」ということで、その乙女を捜しに日本にやって来たともいう。

捜していた乙女は難波に着いて比売語曾社《ひめこそしゃ》の神となり、さらにこの姫島村の比売語曾社の神となった――。

私の目的はただ一つ、この比売語曾社をこの目で見ることだった。幸いにも村長さんをはじめ大分県の方々の案内で見ることができた。

島の東端にその神社はあったが、社殿は小さく最近になって建て替えられたもの。その奥にある「奥宮」が抜群の雰囲気だ！

奥宮の後ろに「拍子水《ひょうしみず》」という不思議な水が湧いている。ここには姫が口をゆすごうとしたが水がなく、手拍子を打って祈ったところ水が湧いてきたという伝承がある。

姫は難波から来たものとされるが、大阪市東成区にも比売語曾神社が鎮座しているのだから、伝承といえどもバカにできない。

姫島村は人口2000人を切る村だが、「一島一村」の良さを生かした村づくりを進める姿勢にエールを送りたい。

2 及位【のぞき】（山形県真《ま》室《むろ》川《がわ》町《まち》）

出世した僧侶にちなむ

昔から難読地名として知られた、いわば難読地名の老舗である。私が手掛けた地名の中でもスタート時点に属するもので、懐かしい思い出の地名でもある。

どう考えても「及位」は「のぞき」とは読めない。そこには何らかの背景があるのではないか？　そんな思いで現地を訪ねてみた。

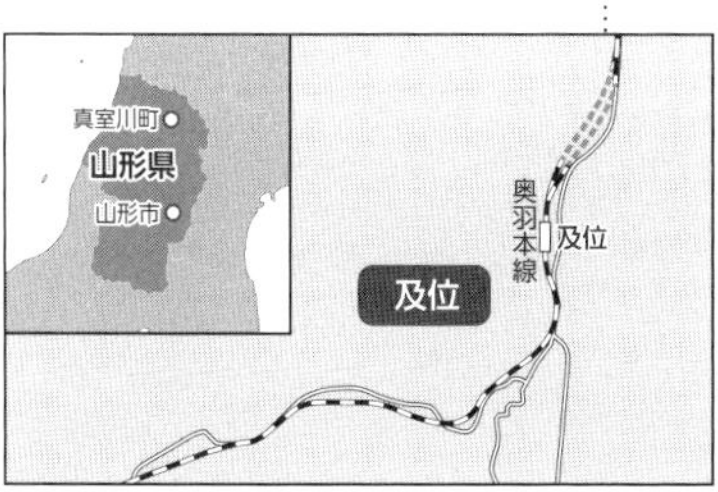

「のぞき」というくらいだから、地形的には高台にあって下をのぞく位置にあると予想していたのだが、まったく逆であった。奥羽本線で秋田県から入り、雄勝トンネルを通り抜けるとそこが「及位」の集落で、無人駅の「及位駅」がぽつんとたたずんでいる。

駅の近くで運よく高橋定雄さんという古老にお会いして話を聞くことができた。さらに駅に置いてあったパンフレットを参照し、おおよその由来がわかってきた。

――この集落の裏手に「甑山《こしきやま》」という山があって、「雄《お》こしき山」と「雌《め》こしき山」の二つに分かれていた。この山には昔2匹の大蛇がいて、村里に現れては米を取ったり娘をさらったりして悪行《あくぎょう》を繰り返していたという。村人たちが困り果てていたところに、一人の修験者が通りかかり、何とかしてこの大蛇を退治しようと考えた。

修験者は大量の蓬《よもぎ》を集めて乾燥させ、二つの山の周囲から火をつけていぶし立てた。大蛇はやむを得ず沼の底に逃げ込んだ。「この地を去って、どこか遠い地に移ればこれまでの罪を許してやる」と諭したのだが、大蛇は「どこにも行く所がない」と言うので、修験者は山の神の力で山腹をガラガラ崩して大蛇を埋めてしまったという。

大蛇を退治した修験者は、村人からたいそう崇《あが》められたが、修行はこれからと言って、大蛇のいなくなった「こしき山」に入り、自らの足に木のつるを巻き、その端を木の根元に結んで、崖《がけ》に宙吊りになる、いわゆる「のぞき」の修行を始めた。

その後、修行を終えて悟りを開いた修験者は、京に上って偉い僧になり、時の天子から立派な位を授けられた。こうして「のぞき」の修行から高い「位」に及んだことから、この地が「及位」と呼ばれるようになったという。

やや入り組んだ話だが、ここに登場する大蛇は、明らかに当時の村に危害を与えてい

今は無人駅の及位駅

た山賊の類と考えてよい。

山伏が崖の上から眼下をのぞくという修行を行っていたということはよく知られた事実であるし、この「のぞき」がその歴史にちなむものであるという解釈はよく理解できる。

ただし、東北地方には「及位」という地名はいくつかあって、そちらにはこのような伝説がないことも事実だ。同じ山形県の置賜《おきたま》地方の川西町《まち》には「莅」と書いて「ノゾキ」と読む地名がある。また秋田県にも大内町《まち》（現在は由利本荘市）と南外《なんがい》村（現在は大仙市）に「及位」がある。

地形によるものという解釈もできるが、やはりこの修験者の蛇退治にまつわる伝説に多くを学びたい。

3 東尋坊【とうじんぼう】（福井県坂井市）

ある僧侶の物語

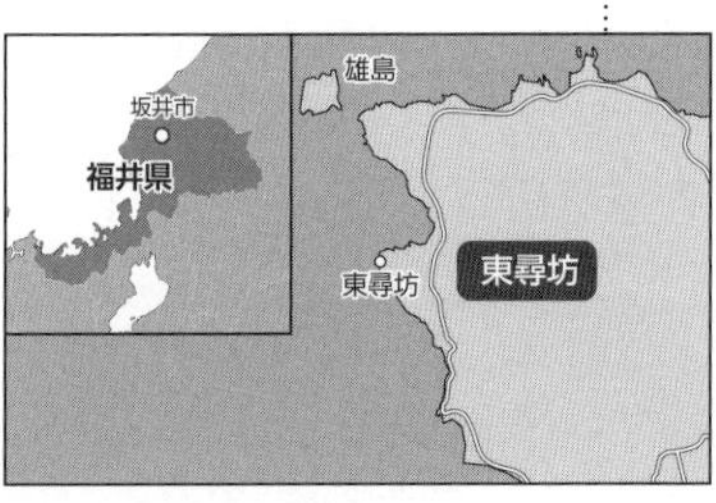

荒々しい岩肌に、激しくぶつかる白波。悲しい伝説の場所でもある。

北陸の天気は気まぐれだ。3月とはいえ、東尋坊はまだ真冬の寒さ。雪が降ったと思ったら雨に変わり、そうこうすると陽が差したりする。まるで分刻みのように天候が変わる。東尋坊は、かなり前にも取材したことがあるが、その時も天候は同じような感じだった。

福井駅から越前電車に揺られること40分余りで、三国《みくに》駅に着く。ここは、今は平成の大合併で坂井市になっているが、もとは三国町《ちょう》だった。駅からバスに乗って数分で東尋坊に着く。

高台から波に荒れる日本海を見ると、まるで海が何かに向かって吠《ほ》えているような感じがする。巨大な輝石安山岩《きせきあんざんがん》が見事な柱状節理《ちょうじょうせつり》を見せてそそり立ち、高い物では70メートルにも及んでいる。

――東尋坊、この不思議な名所には、こんな話が伝わっている。

その昔、荒木別所（福井市）に次郎市《じろういち》という若者がいた。生まれつき力が強く、誰も次郎市にかなうものはいなかった。

しかし、力が強いだけではだめだと考えた次郎市は、比叡山に登って修行をし、後に平泉寺《へいせんじ》（勝山市）に招かれて、当仁坊と称したという。その平泉寺には悪い僧も多くいて、その僧たちを当仁坊はことあるごとに諭《さと》そうとしていた。ところが、悪い僧たちは当仁坊をけむたがって、「やつを消してしまえ」とたくらんでいた。

平泉寺では、毎年春になると三国港の先にある安島浦《あんとうら》（今の東尋坊）に行って酒盛りをして楽しむならわしがあった。当仁坊はもともと酒が好きで、大いに酔っぱらってしまった。すると、一人の僧が、「当仁坊さん、向こうに見える船はどこの国の船かのう」と訊いたという。当仁坊がよろよろと立ち上がって崖の縁に立ったところを、そばにいた僧が突き落としてしまったというのだ。

４月５日のことだった。それまで晴れていた空が一転にわかにかき曇り、雨がどしゃ降りになり、稲妻が光り、岩に雷が落ちて多くの僧が死んでしまった。さらに、炎は遠

伝説に彩られる東尋坊　右奥に見えるのは雄島。

く東の平泉寺にまで及んで坊舎をことごとく焼き払ってしまったという。

それ以降、毎年4月5日になると、どんなに晴天であっても、必ず激しいつむじ風が吹き、海が荒れるという。その風は常に西から東に向かって吹くので、当仁坊はいつの頃からか「東尋坊」と書かれるようになった——。

ざっとこんな話だが、伝説にはいくつものバリエーションがあって、この東尋坊そのものが悪者だったという話もある。

日本では、個人にまつわる伝説が地名になることは、そう多くはない。それにしても、天候が変わりやすいというのは4月5日に限ったことではなく、そんな移り変わる天候が生んだ伝説と言ってもいいだろう。

4 鉄輪温泉【かんなわおんせん】（大分県別府市）

温泉地獄の中で生まれた不可思議な伝説

小高い丘の上から見て、ここはまさに地獄だなと痛感した。街の中に温泉があるというよりも、温泉地獄の中に街があるという感じだ。こんな温泉は初めてで今まで見たことがない——。

冬の季節、しかも雨の中とあって湯煙の立つ景観は「ものすごい！」という一言に尽きる。

鎌倉時代の建治《けんじ》２（１２７６）年、一遍上人がこの地を訪れた時、猛り狂う地獄地帯を鎮め、湯治場を開いたのが始まりだとされるのも、もっともな話だと納得できた。

まず「鉄輪」という名前が意味深長だ。どう読んでも「かんなわ」とは読めない。鉄輪温泉はいわゆる「別府八湯《はっとう》」（別府・亀川・柴石・鉄輪・明礬《みょうばん》・堀田・観海寺・浜脇）の一つだが、温泉の湧出量はこの鉄輪に集中しているとされる。

この鉄輪温泉には八つの地獄があって、順番に観光客を待っている。順番はどうでも

まるで温泉地獄の中に街があるようだ！

いいのだが、一応「海地獄」「鬼石坊主地獄」「山地獄」「かまど地獄」「鬼山地獄」「白池地獄」「血の池地獄」「龍巻地獄」となっている。地獄めぐりというのもすごい発想である。

この鉄輪温泉にはこんな、まことしやかな伝説が残されている。

昔、この地に平家の末裔《まつえい》と言われる玄番《げんば》という人物がいた。玄番はいつも大きな鉄棒を持ち歩いており、この温泉に毎日のように来ていたそうだ。ある日、玄番が湯に入っている時、近くを通りかかった源為朝がふざけて、玄番の鉄棒を土の中に隠してしまった。

湯から上がった玄番は鉄棒のないことに気づき、ようやく捜し出して鉄棒を抜くと、その穴（輪）からお湯が噴き出したので、その泉源から鉄の穴、つまり「鉄輪」という地名が生まれたとのこと。

こんな話がいかにもありそうな温泉地である。街の至る所から湯煙が立ち上っており、どこからでもお湯が噴き出てきそうな所である。

真実はどうか。『豊後国風土記』には「速見郡《はやみのこおり》」の項に「玖倍理《くべり》の湯」の温泉が記されているが、これが鉄輪温泉だろうとされている。この湯は「河直山《かなおやま》」の東にあり、この「河直山」が「鉄輪山」に転訛《てんか》したのではと考えられている。

おそらくそんなところが落としどころだろう。

『豊後国風土記』にはさらにこうある。

「人がこっそり井のほとりに行って大声で叫ぶと、驚き鳴って湧きあがること二丈余りである。その湯気は猛烈に熱く、それに向かって近づくことができない。近辺の草木はすべて枯れしぼんでいる。それで慍湯《いかりゆ》という」

奈良時代に書かれたままが現在も継がれている。

5 鬼無里【きなさ】（長野県長野市）

鬼女は、本当は貴女だった

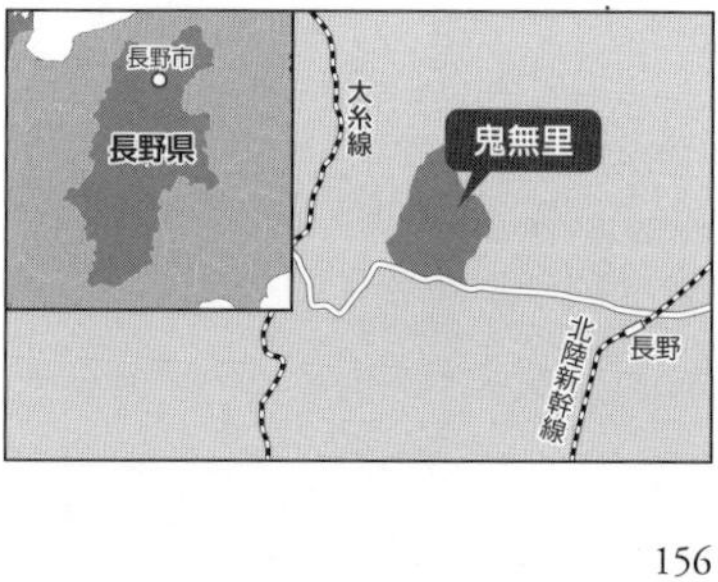

平成の大合併によって今は長野市の一部になってしまっているが、もとは上水内郡《かみみのち》「鬼無里村」であった。こと鬼無里に関してはやはり「鬼無里村」の方がぴったりくる。

「鬼が無くなった里」などと聞くと、何やらミステリアスな響きのする地名である。いったい、ここにはどんな伝説が残されているのか……？

主人公の名前は「呉葉《くれは》」。奥州の会津で伴《ばん》笹丸の娘として生まれた。承平《じょうへい》7（937）年のことである。摩天に祈って生まれたという呉葉は生まれつき特殊な能力を持っていたらしい。

縁あって都に上り、源経基《つねもと》に仕え「紅葉《もみじ》」と改名し、経基の寵愛を受けることになる。ところが懐妊すると、正室を退けようと妖術を使い、夫人を病に陥れてしまう。この陰

鬼女紅葉の屋敷跡と伝えられる

謀が露見して、紅葉は天暦《てんりゃく》10（956）年、信濃国の戸隠《とがくし》山中に追放されることになる。

戸隠山に追放されたものの、紅葉は都の生活が忘れがたく、戸隠の近くの「水無瀬」の里を都に見たて、「東京《ひがしきょう》」「西京《にしきょう》」を配し、さらに「加茂社」「春日社」「吉田社」を鎮守として祀ったという。

「内裏屋敷」に住んだ紅葉は、「高貴な女性」として地元の人々から慕われ、呪術をもって病魔をはらい、医薬を与えて仁術を施したという。しかし、都では、紅葉が高貴な身分を利用して暴虐・乱行をきわめているという風評が流れ、天皇はついに平維茂《これもち》に討伐を命じた。

維茂はいったん紅葉軍に敗北を喫するも、別所の北向観音に祈りをささげて戦い、ついに紅葉の首を討ち取ってしまう。紅葉の首はこつぜんとして空に舞い上がり、どこかに消え失せてしまったという。時に安和《あんな》2（969）年10月25日、享年33であったという。

紅葉は時には「貴女」であったり、「鬼女」になったりするのだが、これはこれで楽しむことができる。この土地はもともと「水無瀬」であった。だが、この伝説が生まれてから「鬼無瀬」となり、さらに「鬼無里」となったのだという。

面白いのは、鬼無里には今でも「東京」「西京」という地名が現存し、さらに「加茂神社」「春日神社」が残されていることだ。また、紅葉が住んだという屋敷の跡も「内裏屋敷跡」として記念碑が建てられている。

村の一角に松厳寺《しょうがんじ》という曹洞宗の寺院がある。紅葉が息を引き取った洞窟に安置してあった守護仏地蔵尊を維茂は持ち帰りお堂を建てて「鬼立山《きりゅうざん》地蔵院」と称したという。もとは真言宗だったが、江戸時代に入って曹洞宗に改宗し、松厳寺となって今日に至っている。

境内には紅葉とともに戦って敗れた家臣たちの墓が並んでいる。

伝説だからいくつかのバリエーションがある。謡曲「紅葉狩」では鬼女を退治する場面に焦点を当てて演じられる。

6 鴻巣【こうのす】（埼玉県鴻巣市）

コウノトリと大蛇伝説による？

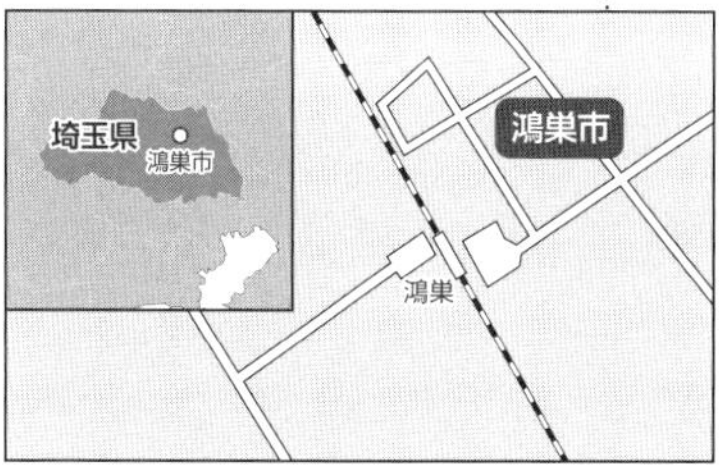

鴻巣も中山道の宿であった。日本橋に始まる中山道は「板橋」「蕨」「浦和」「大宮」「上尾」「桶川」と続き、その次が「鴻巣」で、さらに「熊谷」「深谷」「本庄」と続く。中山道の宿であったことから、この地には様々なミステリアスな歴史が潜んでいる。

そもそも「鴻巣」という地名からしてミステリアスである。「鴻」を漢和辞典で引くと「ひしくい」と出る。「ひしくい」とはガンの中で最も大きく、頭から首にかけて褐色で、羽は黒褐色とある。また「おおとり」「おおがも」で、「黄鵠《こうこく》（黄色味を帯びた白鳥）」ともある。音読みでは「こう」と読み、意味は「大きい」「広い」「盛ん」といった、いわば縁起の良い漢字である。

「鴻巣」という地名は室町期から戦国期にかけて成立していたとされるので、やはり鳥に関連した地名であると考えた方がよさそうである。

鴻巣の由来に関しては鴻《こう》神社にまつわる伝説として各種の本に書かれている。信憑性の高い文献は『鴻巣町史』（1932年）だが、そこには林羅山の『文集』によるものと、江間氏親《えまうじちか》の『行嚢抄《こうのうしょう》』によるものが紹介されている。

林羅山（1583～1657）は江戸初期の儒学者として余りにも有名だが、各地の伝説を記録したものが『文集』に収められている。鴻巣について書かれている部分を現代語訳して紹介する。

昔ここに大樹があって樹神と称していた。人々は飲食物を供えて祀っていた。これを害《そこな》えばたたりがあると思われていた。ある時、鵠《くぐい》（白鳥）が来て枝の上に巣をつくったが、そこに巨蛇（大蛇）が現れて卵を飲み込もうとした。鵠は大蛇を嘴《くちばし》でつつき殺してしまった。神は人に害を及ぼさなくなり、白鳥には害を除く益があるということから、「鴻巣」と呼ばれることになり、ついには土地の名になった。（原文は漢文）

『行嚢抄』における記述も基本的にはこれを踏襲している。

JR鴻巣駅からすぐの所に旧中山道が走っているが、その中山道沿いに鴻神社がある。

中山道に面する鴻神社

この神社は明治6（1873）年、近くにあった三つの神社を合祀したものである。

その一つは鴻巣大明神の流れをくむ氷川社で、鴻《こう》ノ宮《みや》氷川大明神とも端《はじ》ノ宮《みや》とも言われた鴻巣郷総鎮守である。他の二つは熊野社、雷電社であったという。当初は鴻三社と称したが、明治35（1902）年から40（1907）年にかけてさらに他社を合祀して社名を「鴻神社」として今日に至っている。

「鴻巣」……なかなか深い歴史を持った町だ。

7 姨捨【おばすて】（長野県千曲市）

棄老伝説を今に伝える

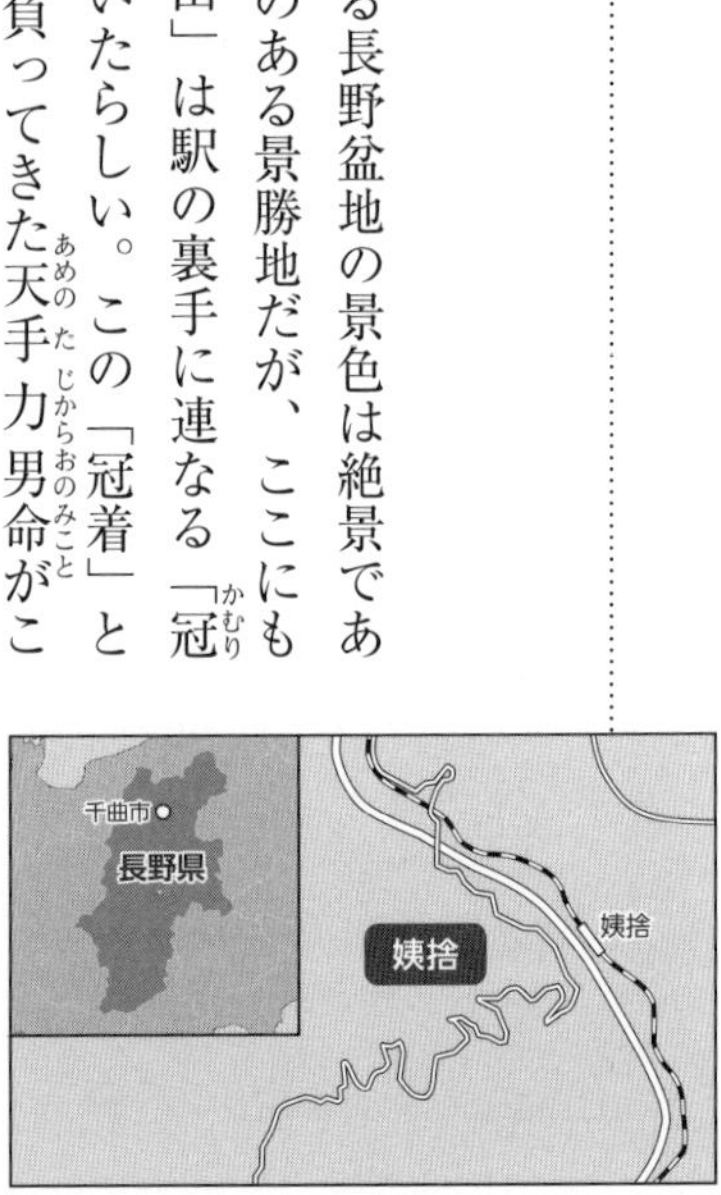

ＪＲ篠ノ井線の「姨捨駅」から見る長野盆地の景色は絶景である。信州人なら一度は目にしたことのある景勝地だが、ここにも多くの伝説が残されている。「姨捨山」は駅の裏手に連なる「冠《かむり》着山《きやま》」（１２５２メートル）を指していたらしい。この「冠着」という地名は、その昔、天の岩戸を背負ってきた天手力男命《あめのたじからおのみこと》がこの山で休み、冠をただしたので「冠着」となったという伝説がある。

またこの冠着山は昔「小長谷山《おはつせやま》」「小泊瀬山《おはつせやま》」とも呼ばれていたとされ、それは奈良県の「初瀬《はせ》」「長谷《はせ》」にちなむものだという伝承もある。

ただし、これらにどれほどの信憑性があるかは疑問で、ここは素直に棄老《きろう》伝説に従っておこう。口減らしのために働けなくなった老人を山の中に棄てるという風習は全国にあった。

田毎の月で知られる姨捨山

――若い息子が年老いた母を背負って山の中に入っていくと、「ポキッ、ポキッ」と枝を折る音が聞こえてきた。不思議に思いながらも、山の奥に母を置いて帰ろうとした頃にはとっぷりと日が暮れて、辺りは真っ暗になってしまった。すると母は「さっき、木の枝を折ってきたので、それを目印に帰りなさい」という。その母心に胸を打たれた息子は、母を棄てることができず家に連れて帰り、密かにかくまっていた。

ある時、その国の殿様が隣の国からとんでもない無理難題を突きつけられた。「灰で縄をなえ。できなければお前の国を滅ぼすぞ」というのだった。誰に訊いてみても妙案は浮かばず、殿様は頭を抱えるばかりだった。そこで、あの息子がかくまっている母に訊いてみると、「そんなことは造作もないことだ。

塩水に浸した藁で縄をなってごらん。それを乾かして焼けばいい」と教えてくれた。
また隣国の殿様は「曲がりくねった細い穴に糸を通せ」という難題をふっかけてきた。すると母は「穴の一方に蜂蜜を塗り、反対側の穴から糸をつけたアリを通せばいい」と教えてくれた。この母の知恵によって国を助けられた殿様は、それ以降、老人を山に棄てることをやめさせた。

ここまで聞くと、姨捨山の棄老伝説は老人を大切にする話だったことがわかる。一方で、この姨捨では「田毎《たごと》の月」が有名で、何重にも重なる一つひとつの田に映る中秋の名月の景勝地として知られている。

わが心なぐさめかねつ更級や
姨捨山にてる月を見て（古今集巻十七）

更級にある姨捨山のこの美しい月を見ても、自分の心を慰めることができないという物悲しい歌だが、千年以上も前から、姨捨の月は有名だったことがわかる。

8 走水【はしりみず】（神奈川県横須賀市）

日本武尊と弟橘媛にまつわる伝説から

神奈川県と千葉県の間にある海を浦賀水道と呼んでいるが、この海は古来相模国《さがみのくに》から上総国《かずさのくに》に渡る海道でもあった。その昔、この海道を渡ろうとした日本武尊《やまとたけるのみこと》が嵐に遭い、入水《じゅすい》した弟橘媛《おとたちなばひめ》によって助けられたという伝説が残されている。文献的には『古事記』『日本書紀』に類似した記述が見られるが、『日本書紀』には次のように語られている。

また相模国に進まれて上総国へと行こうとされた。海を眺められ大声で、「こんな小さい海は駆けて飛び上がるだけでも渡ることができる」とおっしゃった。海の中に出たところ、突然風が起こって船が漂い渡ることができなかった。当時王様に従っていた女がおり、名前を弟橘媛といった。穂積氏忍山宿禰《おしやますくね》の娘であった。その女が「今、風が吹き浪も速く、船が沈もうとしています。これはきっと海の神様の仕業に違いありません。賤しい身分の私の身を王様の命に代えて海に入らせてください」と申し上げた。そう申し上げてすぐに波を押し分けて入水した。暴風はすぐに止み、船は岸に着くことができた。そのことから、当時の人々は、その海を馳水《はしるみず》と名づけた。

京浜急行「馬堀海岸駅《まぼりかいがん》」から3キロ弱、歩けば30分余りの距離に「走水神社」はある。この「走水神社」は日本武尊と弟橘媛との間に起こった事件を相模国の方から見ている神社である。一方上総国から見た神社は木更津市と富津市にある「吾妻神社」である。これらの神社のネーミングに両国の立場の違いのようなものが見える。

『日本書紀』では、この事件が起こったことから「馳水」と名づけたとあるが、それ以前から「はしるみず」的な表現はされていたのではないか。神奈川県と千葉県の間にある浦賀水道は10キロ程度の幅しかなく、潮の動きが激しく、まさに風が強い時には、水が走るような動きになるのであろう。日本武尊の伝説では、相模国からは一行を「走水」に送り出した立場にあり、その意味で、神社名にも「走水」が強調されている。

現在の祭神は日本武尊と弟橘媛だが、弟橘媛を祀る神社は橘神社といい、かつては旗

日本武尊伝説を伝える走水神社

山に祀ってあったのだが、明治42（1909）年に陸軍用地となったため、この走水神社に合祀されたと言われる。

走水神社はどちらかと言うと、日本武尊と弟橘媛との愛の深さ、もしくは弟橘媛の文字通りの献身的な行為を崇める印象が強い。それに対して、千葉県側の扱いは、その弟橘媛を恨む印象が強く感じられる。

9 女化【おなばけ】（茨城県牛久市）

「女が化ける」ではなく「女に化ける」！

茨城県牛久《うしく》市と言えば、第72代横綱稀勢《きせ》の里を生んだ町である。この牛久市に「女化」というおどろおどろしい地名がある。「おんなばけ」「めばけ」「めげ」と読んでみるが、いずれも落ち着きが悪い。正式には「おなばけ」と読む。

「女化」を「おなばけ」と読むと、意味は当然のことながら「女が化ける」と考えてしまう。近くには「女化神社」もあり、何と「女化団地」なんてものもある。

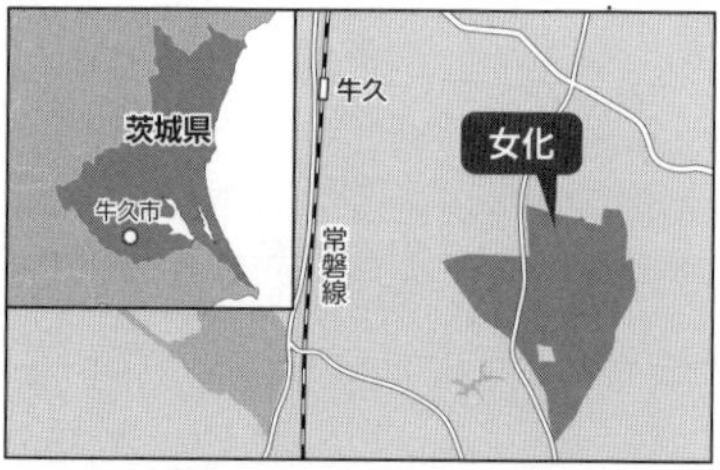

この女化の地は、古くは「根本が原」「小萩が原」と呼ばれ、明治に入って開拓されるまで、人ひとり住むことのない原野であった。東西三里四方もあり、いったん迷い込むと出られなくなるほどの原野で、昔から狐《きつね》が棲むと考えられていた。

この原野に「女化」の伝説が残されている。それはこんな話だ。

女化に鎮座する稲荷神社

昔、この根本村に忠七という若者があった。病の母のために薬を買っての帰り道、この里で一匹の狐を狙う狩人を見つけた。忠七は狐を不憫《ふびん》に思い、大きなせきをして、狐を逃がしてやったという。

ところがその日の夕べ、奥州から鎌倉へ行くという一人の男が、二十歳ばかりの女を連れて、一夜の宿を貸してくれと涙ながらに頼んだという。

不憫に思った母と忠七は二人を泊めてあげたのだが、翌朝起きてみると、男はすでになく、若い女はしばらくここに置いてほしいと頼み込んだという。

すでにお気づきのように、これは鶴の恩返しの話と同じものである。

やがて、この女は忠七と結婚し、3人の子どもも授かったのだが、ある日涙を流しながら、自分は昔根本が原で助けられた狐であって、人に悟られてしまった以上、一緒に住むことはできないと言って、穴に隠れてしまったという。

一説では、家にいた時、尻尾《しっぽ》を見られてしまったので、狐は根本が原の狐穴に逃げ込んだという。その時に書き残した歌が有名である。

みどり子の母はと問はゞ　女化の
原になくなく　臥すと答へよ

そして残された子どもがこの地を治めた下総守義長となったというオチまでついている。

ここまで知ると、「女化」のイメージが逆転する。「女が化ける」のではなく「女に化ける」話だったのである。

女化が原には女化神社が祀られている。言うまでもなく、狐を祀った稲荷神社である。狛犬の代わりに白狐が赤ちゃんを抱いている石像が社殿の前に置かれている。

この女化神社には奥の院があって、小さな祠《ほこら》が林の中に二つ並んでいる。近所の人々がいつもきれいに掃除をしており、信仰の厚さを物語っている。

女化団地に行って、引っ越してきたばかりという奥さんにこの話をしたら、「そうだったんですか。いい話で安心しました」と言っていた。

10 鬼首【おにこうべ】（宮城県大崎市）

鬼首とは誰の首根っこのこと？

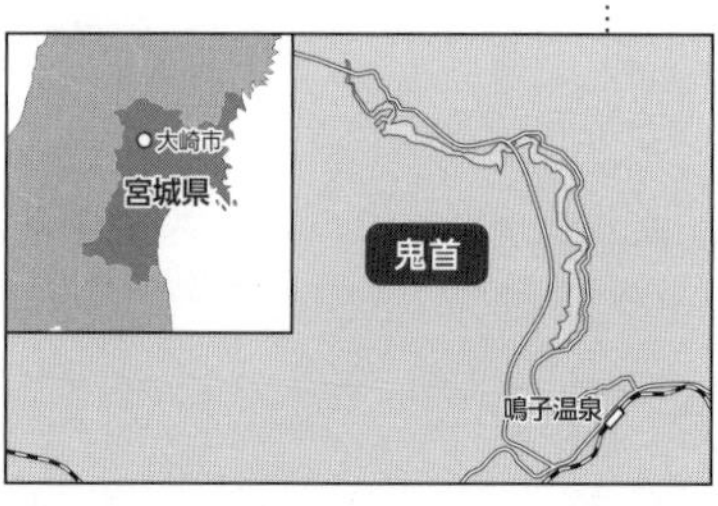

鳴子温泉からさらに山に入った所に「鬼首温泉」がある。東北地方には「首」にちなむ地名がいくつかある。秋田県の「強首《こわくび》」もすごいが、この「鬼首」はさらにミステリアスだ。

仙台在住の友人S君の案内で鬼首行きが実現した。鬼首温泉についての知識はほぼゼロ。S君の言うままに峯雲閣《ほううんかく》という温泉宿に到着。まずここの露天風呂に入ってみろ、というわけだ。

玄関に着いてみると、入口に「本日　湯滝　25度」と書いた紙が貼ってある。これって何？

風呂場に入ってみてその謎が解けた。露天風呂の続きに写真のような「湯滝」がどうどうと流れ落ちている！

自然の川なので、水嵩《みずかさ》によって湯滝の温度が変わるのだという。昨日までの台風の影

湯滝として流れ落ちる峯雲閣の露天風呂

響で水嵩が増し、「本日　湯滝　25度」ということなのだ。

熱い時には40数度になることもあるらしい。宿には「温泉の横綱みやぎ大崎」という大きなポスターが張ってあり、そこには何と横綱白鵬《はくほう》関が市民たちと湯滝につかっている！　何でもその時は40数度の熱さで一瞬しかつかることができなかったそうだ。

さて、この「鬼首」だが、一般に言われているのは、次のような話だ。

その昔、征夷大将軍として坂上田村麻呂《さかのうえのたむらまろ》（758〜811）が東征した際、鬼と呼ばれていた敵の大将の大竹丸《おおたけまる》を追ってこの地で首を刎《は》ねたことから「鬼切部《おにきりべ》」と呼ばれていたが、いつの頃からか「鬼首」と言うようになった——。

「鬼首」という何やら意味ありげな地名の場合は、

このような伝説が生まれることはよくあること。坂上田村麻呂は奈良時代から平安初期にかけて活躍した人物だが、その後さらに二百数十年後に起こった乱に、この「鬼首」が絡んでいる。

平安中期の1051〜62年に東北地方に「前九年の役《えき》」という戦いが起こった。これは俘囚《ふしゅう》（朝廷の支配下に入った蝦夷《えぞ》）の長だった安倍氏が起こした乱を陸奥守 源 頼義《みなもとのよりよし》が10年以上もかけて鎮圧した戦いであった。

この「前九年の役」の前哨戦がこの地で行われた。永承《えいしょう》6（1051）年、頼義の前任の藤原 登任《ふじわらのなりとう》が安倍氏を討とうと戦いを挑んだのが、この鬼首の地だったが、登任は敗れたという。

その安倍館があったのが「鬼切部（辺）城」と言われており、その城跡が今も残されているという。宿で見た鬼首の観光案内マップに「鬼切辺城跡」という文字が記されていた。どうしても、そこを見たい！

S君は快くランドクルーザー（四輪駆動車）を操って現地に向かってくれた。ところが途中、前日の台風で巨木が倒れて道がふさがれており、城跡の探索は不可能に……。

鬼の首根っこは捕まえられなかったが、鬼首温泉に行けたのは満足だった！

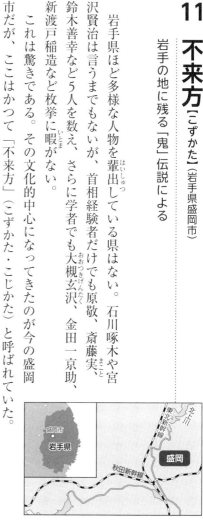

11 不来方【こずかた】（岩手県盛岡市）

岩手の地に残る「鬼」伝説による

岩手県ほど多様な人物を輩出《はいしゅつ》している県はない。石川啄木や宮沢賢治は言うまでもないが、首相経験者だけでも原敬、斎藤実《まこと》、鈴木善幸など5人を数え、さらに学者でも大槻玄沢《おおつきげんたく》、金田一京助、新渡戸稲造など枚挙に暇《いとま》がない。

これは驚きである。その文化的中心になってきたのが今の盛岡市だが、ここはかつて「不来方」（こずかた・こじかた）と呼ばれていた。

さんさ踊りの発祥の地として知られる三ツ石神社に「不来方」をめぐる伝説が残されている。その昔この地方に羅刹《らせつ》という鬼が住んでいて、住民を苦しめていた。そこで三ツ石の神が鬼を石に縛りつけたところ、鬼は再び悪さをしないことを約束し、その証文として三ツ石に手形を押したという……。こうして鬼が再び「来ぬ」ようにということで、この地を「不来方」と呼ぶようになったという話である。

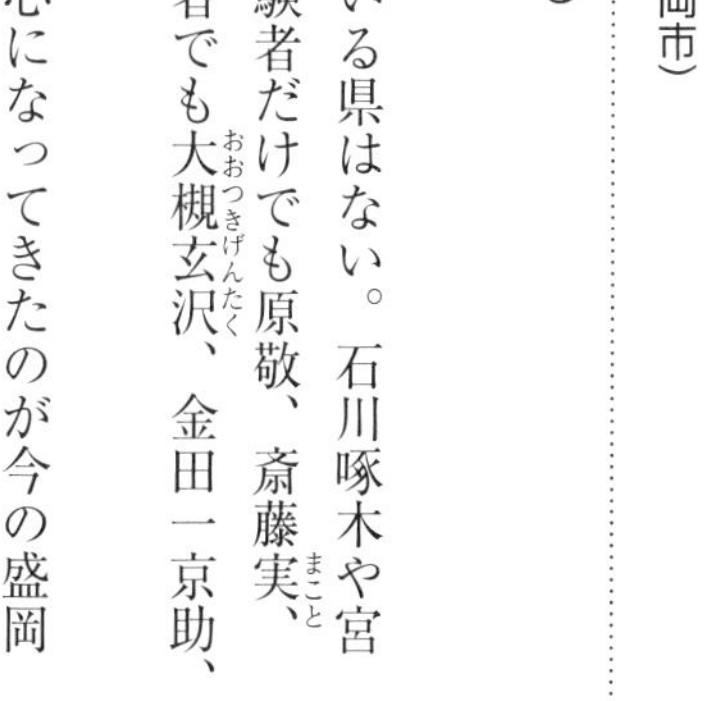

やがてこの地に進出した盛岡藩の2代藩主南部利直《としなお》が「不来方」は「心悪しき文字」と忌《い》み嫌い、「森ヶ岡」に改称したという。その後いつしか「森岡」と転訛し、4代藩主重信《しげのぶ》の代の元禄4（1691）年に「盛岡」と変えられたという。「盛り栄える」という縁起をかついだ名称である。

盛岡藩は南部藩とも呼ばれたが、南部氏はもともと甲斐国南部地方の出身で奥州平泉の藤原氏征討で功をなし、現在の青森県八戸に上陸したことに始まっている。当初10万石だったが、幕末には20万石の藩に成長し、北東北の中心地として発展した。

戊辰戦争では欧州列藩同盟に属し、途中寝返った秋田藩と戦う立場にもなった。盛岡城はそれ以前の不来方城とは若干異なる地域につくられたが、その位置はそう違わないとされている。建物は現在ないが、石垣はそのまま残され往時を偲《しの》ばせてくれる。二ノ丸の一角に啄木の碑が建っている。

不来方のお城の草に
寝ころびて
空に吸はれし十五の心

今に歴史を伝える盛岡城跡

盛岡中学校（現盛岡一高）の教室の窓から抜け出て文学書を読みふけり昼寝の夢を結んだのがここだと言われる。
さらに、同じ二ノ丸のほど近い所に新渡戸稲造の

願わくは
われ太平洋の橋とならん

という記念碑が建てられている。東北地方の岩手県が日本の近代文化の一角をつくり上げたことは忘れてはならない。

ところで、「不来方」の背景にある「羅刹」という鬼は何者だろう？　それは当時この地に生存していた蝦夷《えぞ》であったの

ではないか。「鬼」と言えば聞こえが良くないが、倭人から見れば蝦夷は「鬼」でしかないということになる。民族と民族のぶつかり合いは永遠の課題なのだろうか——。

第6章

古代史をたどる地名

1 不知火
2 埼玉
3 安房
4 間人
5 安曇野
6 宍道湖
7 金華山
8 善光寺
9 比叡山
10 太秦

1 不知火【しらぬひ】（熊本県宇城市）

「火の国」熊本の火は、陸の火？　海の火？

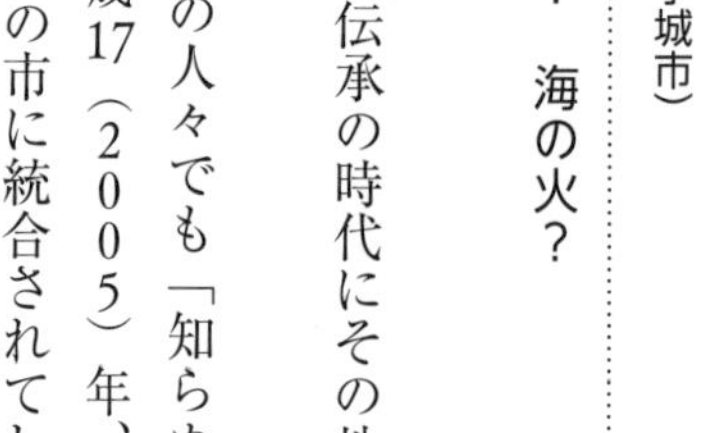

熊本県は「火の国」と称される。伝承の時代にその地名は名づけられた。謎多き土地である。

「不知火町《しらぬひまち》」と言えば、九州以外の人々でも「知らぬ人」がいないほど知られた町だったが、平成17（2005）年、平成の大合併によって「宇城市《うきし》」という名称の市に統合されてしまった。

「不知火」という地名は『日本書紀』にすでに記されている熊本を代表する歴史的地名である。熊本を「火の国」と呼ぶことがあるが、その「火」がこの不知火に由来するという説は昔からあった。景行《けいこう》天皇18年にこう記されている。

「5月1日、葦北から船出して火国《ひのくに》に到着された。そこで日が暮れてしまい、岸に着くことができなかった。すると遙《はる》かに火の光が見えたので、天皇は船頭に詔《みことのり》し、『まっすぐに火の光る所を目指せ』と仰せられた。火に向かって進んで行くと、岸にたどり着

不知火伝説の謎を残す永尾剣神社

いた。天皇はさらに火の光る所を訪ねて、『なんという邑《むら》か』と仰せられた。土地の人は『ここは八代県《やつしろのあがた》の豊村《とよむら》です』と言った。また『その火は誰の火か』と訊《たず》ねると、その火の主はわからず人の火ではないことがわかった。それでその国を火国と名付けた」

これが「火の国」の有力な由来とされている。『日本書紀』には書かれていないが、一説によれば、天皇がお尋ねになったにも関わらず「誰も知らなかった」ので、「不知火」と呼ばれたともされている。

ここで一つ問題が発生する。『日本書紀』をまともに読めば、天皇がご覧になった火は明らかに陸上の火である。ところが、実際の「不知火」という現象は海上に起こるものだという。

不知火湾は八代湾とも言うが、その北端に旧不知火町はあった。不知火町の永尾《えいお》という集落に「永尾《えいお》劔《つるぎ》神社」という小さな神社がある。集落にある鎌田山が頴《えい》の魚に似ているところから「永尾」の地名が生まれたとされている。この神社の正面には不知火湾が広がり、ここから旧暦8月1日前後の未明の干潮時に不知火が見られるという。現代では、これは漁火《いさりび》等の気象光学現象でできると言われているが、それゆえ、不思議な「人に知られぬ火」であったことは間違いない。

景行天皇が見た火が陸上のものであったか、海上のものであったか、郷土史家の間でも意見が分かれているようだが、どちらにしても熊本県が「火」にちなんだ歴史を持っていることは確かだ。

一方、「火の国」の由来を八代郡にあった「肥伊郷《ひいごう》」に求める説もある。もともと「肥」という郷があり、それが奈良時代初期の「好字二字政策」（地名を二字とし、さらに好字を使えという詔）によって「肥伊」になったというのである。

いずれにしても熊本の夏は暑い！　それを体験すると「火の国」の由来は何となく納得である。

2 埼玉【さきたま】（埼玉県行田市）

埼玉県は人々に幸を与える？

国宝の鉄剣も出土した由緒ある土地「埼玉」の地名の由来は、古墳時代にまでさかのぼる。

浦和市・大宮市・与野市が合併されて「さいたま市」が誕生したのは平成13（2001）年のことである。伝統ある「浦和市」「大宮市」の名前が地図上から姿を消したのは残念だが、「さいたま市」という名前は埼玉県民の間で次第に定着しているらしい。それは「千葉県千葉市」と同じように、県名と県庁所在地が一致したことによる。それまでは、なぜ浦和に県庁があるの？　といった素朴な疑問もあったからだ。

「埼玉県」という県名が誕生したのは明治4（1871）年11月14日のことで、今の県域に「埼玉県」と「入間県」が設置されたのがその始まりである。この時期の「埼玉県」は、武蔵国の北東部に位置した「埼玉郡《さいたまのこおり》」にあったので、「埼玉」という県になっ

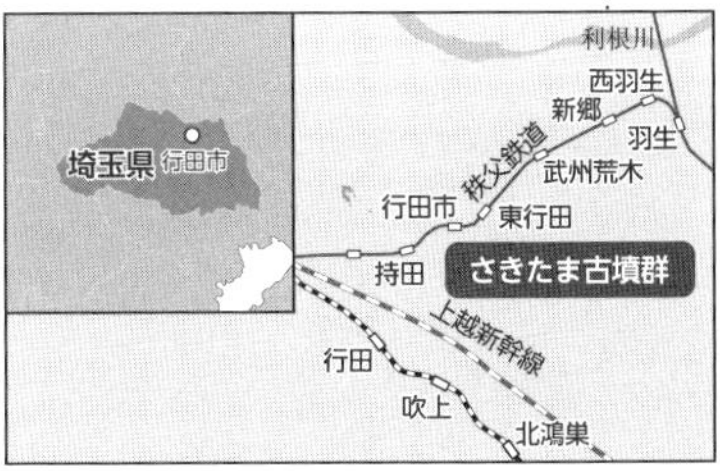

た。その後、いくつかの変遷があって、「埼玉県」の名称で統一されたのは明治9（1876）年8月のこと。

『和名抄《わみょうしょう》』（38頁参照）では「埼玉」は「佐伊太末《さいたま》」と訓じる。また、正倉院文書神《じん》亀《き》3（726）年の山背《やましろ》国戸籍帖には「武蔵国前玉郡」とある。つまり、古来、「埼玉」とも「前玉」とも表記されてきたということである。

行田市内を南に外れようとする地点に「埼玉古墳群」がある。こちらは「さきたま」と呼ぶ。利根川と荒川の氾濫《はんらん》原のなだらかな台地の先端に、前方後円墳8、円墳1の合計9基の大型古墳が密集するように残されている。

それらのうち、一番目立つのは「丸墓山《まるはかやま》古墳」である。直径105メートル、高さ19メートルで、円墳としては我が国最大の規模を誇っている。

その山頂から見えるのが「稲荷山《いなりやま》古墳」で、昭和43（1968）年の発掘調査で礫郭《れきかく》（埋葬施設）の中から「金錯銘鉄剣《きんさくめいてっけん》」が発見され、大きな反響を呼んだことはまだ記憶に新しい。古墳時代の刀剣類に銘文が刻まれているものは、これまで全国で7点発見されているが、稲荷山の鉄剣は文字数115で、他を圧倒している。銘文の冒頭に「辛亥《しんがいの》年《とし》」と記されており、製作年代は471年と推定されて、国宝に指定されている。

丸墓山古墳から見た稲荷山古墳

古墳群の外れに「埼玉」の地名の由来となった「前玉神社」がある。ここは「前玉《さきたま》」である。ご祭神は「前玉彦命《さきたまひこのみこと》」と「前玉比売命《さきたまひめのみこと》」の二柱。神社では「前《さき》」は「幸」、「玉《たま》」は「魂」の意味であるとし、「幸魂《さいわいのみたま》神社」であるとしている。確かに府中市にある「大国魂神社」は、「おおくにたま」であり、「玉」は「魂」に通じるものである。しかし、一方では「前」はあくまでも先端の意味であり、それは「先《さき》」「崎」に通じる。そこから「多摩の先（前・崎）」ではないかという説もある。

今、古墳群は広大な「さきたま古墳群公園」として整備されている。「さきたま史跡の博物館」には国宝のあの鉄剣が千数百年来の黄金の光を放っている。必見である。

3 安房【あわ】（千葉県）

千葉県のルーツは阿波国（徳島県）にあり！

神代の時代からその国名の由来が続く安房国《あわのくに》。豊穣の国は農の国であり、漁の国でもあった。

「安房」と言っても、千葉県以外の人にはピンとこないかもしれない。「房総半島」と言えば、現在のほぼ千葉県全域を指すが、その南、館山市・鴨川市・南房総市一帯を「安房」と呼んでいる。

「房総」という地名は旧国名の「安房国」と「総国《ふさのくに》」からそれぞれ1字取ってつけられたものである。「総国」はさらに「上総国《かずさのくに》」と「下総国《しもうさのくに》」に分けられ、都合現在の千葉県はこの三つの旧国から成り立っている。

上総国は現在の君津市・富津市・市原市・茂原市・山武《さんむ》市などの一帯。下総国は市川市・松戸市・船橋市などの東葛地方と呼ばれる地域、千葉市、佐倉市、成田市、佐原市から銚子に至る地域を含んでいる。

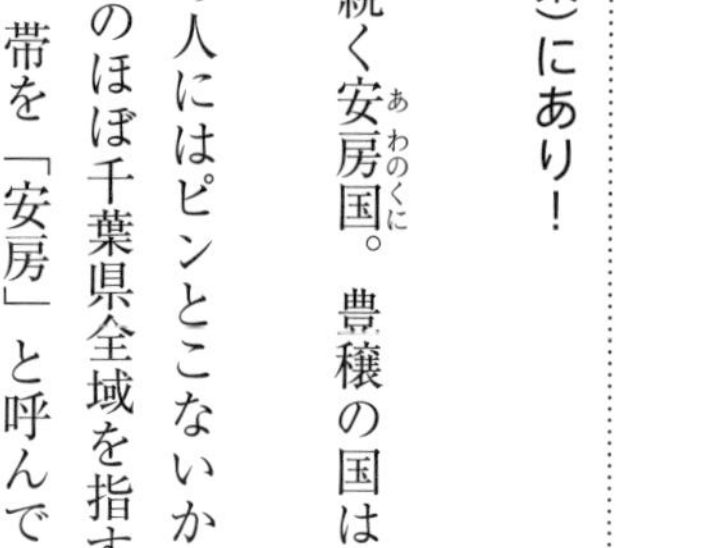

阿波から移住してきた証し「安房神社」

この「安房」という呼び方は「阿波国」（徳島県）に由来している。『古語拾遺《しゅうい》』という平安初期に書かれた本に、阿波の斎部《いんべ》が阿波国から総国（現在の千葉県）に移ったと書かれている。

この本は古来朝廷の神事を司っていた忌部《いんべ》のルーツを解き明かしたもので、もとは出雲《いずも》にいて様々な「神宝《しんぽう》」を作っていたが、天富命《あめのとみのみこと》を阿波国に送って穀《かぢ》の木（コウゾ）や麻を植えさせたという。さらに、こう記されている。

「天富命、更に沃壌《こえたるところ》を求《ま》ぎて、阿波の斎部《いみべ》を分《わか》ち、東国《あづまのくに》に率《ゐ》て往《ゆ》き、麻《を》、穀を播《ま》き植《う》ゑたまふ。好《よ》き麻生《お》うる所なり。故《かれ》、総国と謂《い》ふ……阿波の忌部《いみべ》の居《を》る所は、便《すなは》ち安房郡《あはのこほり》と名づく」

おおよそのストーリーは理解していただけただろう。房総半島の歴史は安房に始まり、そこで穀物や麻を植えたことによって、この国の名前がつけられたというのである。「麻」は昔「総」と呼ばれていたことから「総国」が誕生した。

この安房一帯は、中世になると里見《さとみ》氏が支配するようになる。里見氏は上野国碓氷《うすい》郡里見郷にルーツを持ち、里見義実《よしざね》が安房国に移って支配したのが房総里見氏の始まりである。

この里見氏にひっかけて書かれた作品が、曲亭馬琴《きょくていばきん》の『南総里見八犬伝《なんそうさとみはっけんでん》』である。馬琴はこの小説に「南総」という名称をつけている。小説の舞台になったのは安房国一帯だが、その後ストーリーの展開で関東一円に広がっている。

しかし最後は安房に戻ってくるという話で、「南総」とは、なかなかにくい命名だ。今では「安房」よりも「南総」の方が知られているかもしれない。

館山市の南に安房神社がある。式内社《しきないしゃ》で安房国一宮《いちのみや》である。主祭神は忌部氏の祖神である天太玉命《あめのふとだまのみこと》で、その他、忌部五部神《いつとものおのかみ》などを祀っている。

房総半島には黒潮に乗って多くの文化が流れてきた。近世に入ってから木国《きのくに》（紀伊国）から多くの漁師たちが鰯《いわし》漁で移住し、さらに銚子市の「ヤマサ」など醤油づくりでも貢献している。

4 間人【たいざ】（京都府京丹後市）

聖徳太子の母君も幻のカニを食べたのか？

12月の寒いある日、テレビで「間人」のカニの番組をやっていたと妻が知らせてくれた。何でも「間人」と書いて「たいざ」と読むらしいことと、ここの「間人カニ」は幻のカニと呼ばれていて、人気の的になっているとのこと。

この珍しい地名とカニに惹かれて、翌日早朝、新幹線で京都に直行。京都駅までは、あっという間に着いてしまうのだが、それから日本海側に出るのが大変だ。北近畿タンゴ鉄道で3時間半もかかってようやく網野駅に到着。そこからバスに揺られて40分でようやく間人のバス停に着いた。日曜日のせいか、人らしき影はまったくない。せめてカニでも食べたいと、コンビニで訊いても「突然来て言われてもねえ」とつれない返事が返ってくるだけ。

気を取り直して、この「間人」の地名の由来を考えてみよう。

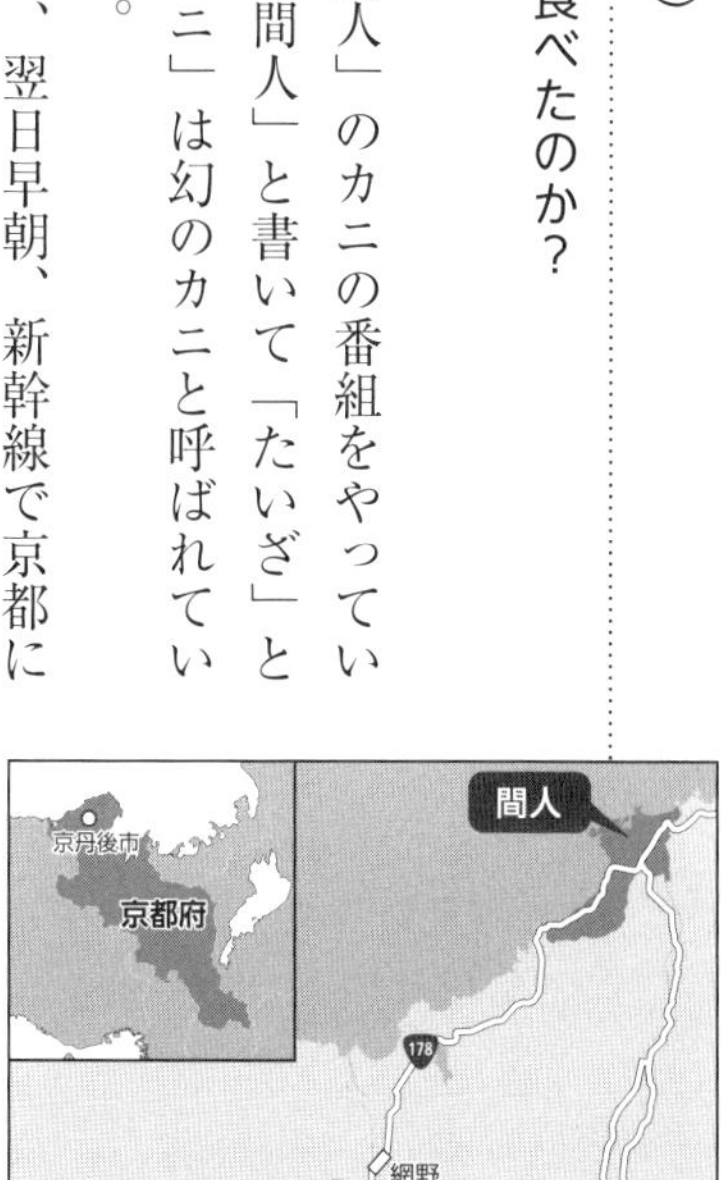

聖徳太子の時代だからすでに1400年も前のことになる。聖徳太子の母親に当たる方は「穴穂部間人《あなほべのはしひと》」と言った。用明天皇のお后である。

6世紀の末、仏教に対する考えや皇位継承問題をめぐって争いが激しくなり、この混乱を避けるためにこの地に滞在されたのだという。この地（大浜の里）に滞在中、里人の手厚い持てなしを受け、皇后は大いに気に入ったとのこと。そこで、争いが終わって斑鳩《いかるが》に帰ろうとした際、自分の名前を村に与えようとした。

砂浜に記念碑が建っており、歌が刻まれている。

大浜の里に昔をとどめてし
間人村と世々につたへん

つまり、自分の名前を村に残したいと考えたのである。しかし、村人たちは皇后様のお名前をいただくことなぞ滅相もないとして、皇后が「ご退座」されたというところから「間人」を「たいざ」と読むことにしたのだという。

これはこれで、何となく信憑《しんぴょう》性の高い話だと思う。このような難読地名の場合、一

皇后が滞在したという間人の浜

度漢字を外して音で考えてみるというのが地名研究の常套だが、「タイザ」を地名から推測しても思い当たることが浮かばない。

役場の近くにようやく1軒のレストランを発見。早速カニを注文してみた。カニの酢の物、カニの刺し身、焼きガニなどを食してみる。これはうまい！今まで食べてきたカニって何だったのか……！　思わずうなってしまった。

食べ終わって、売店に入って間人ガニを自宅に送ろうとして訊いてみると、間人ガニは1杯

2万円もするという。とても手が出ないと思って諦め、「じゃあ、さっき食べたカニは間人ガニではなかったんですか」と訊いてみると、「あれは冷凍の松葉ガニですわ」と言うではないか！

結局、幻の間人ガニを食べるという野望は、幻に終わったのでありました……。

5 安曇野【あずみの】（長野県安曇野市）

安曇族は九州の海洋民族だった

平成23（２０１１）年前期に放送されたＮＨＫの朝ドラ「おひさま」は、20パーセント近い安定した視聴率をあげ、好評だった。時代的には戦前から戦後にかけての話なのだが、けっこう涙を誘う展開になっていた。

ドラマの舞台になっているのは、長野県の安曇野市と松本市である。松本市出身の私としては、当然のことながら関心を持たざるを得ない。

私が高校生の頃までは、「安曇野」という表現はなかった。一般的には「安曇」であり、その「安曇」には「南安曇郡」と「北安曇郡」があった。今も「北安曇郡」は存続しているものの、「南安曇郡」は平成17（２００５）年、「豊科町《とよしなまち》」「穂高町《ほたかまち》」「堀金村《ほりがねむら》」が「明科町《あかしなまち》」に合併して「安曇野市」が誕生したことによって消滅してしまった。

「安曇野」という呼称が一般的になったのは、地元出身の作家・臼井吉見《うすいよしみ》が大河小説『安

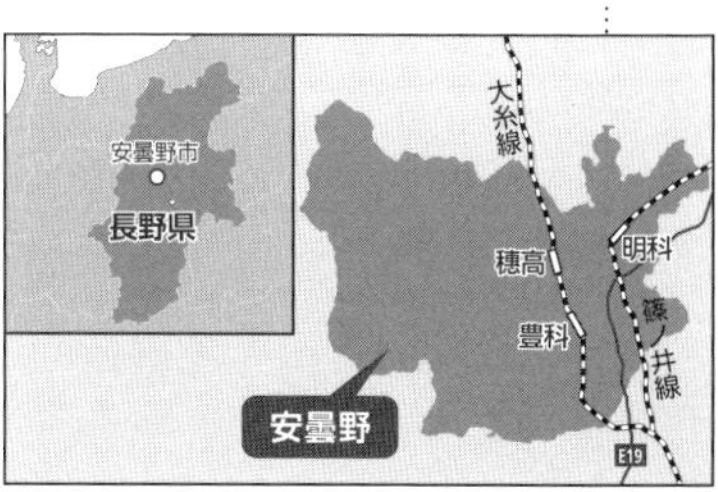

曇野』（昭和49年完結）を書いてからである。明治30年代から大正・昭和にかけて、安曇野・松本を舞台にして近代日本の文化をつくった人々の波乱に富んだ生涯を描いた作品である。この作品で、臼井は「安曇野は日本の中でも最もふるさとらしい所だ」と述べている。

北アルプスの懐に位置し、あちこちに清流が湧き出で、それが田んぼを潤している。また清流を利用したワサビの栽培でもよく知られている。

「安曇」という地名は、その昔、九州地方に勢力を持っていた安曇族がこの地に移住してきたことに由来する。もともと安曇族は海洋民族で、日本各地にその痕跡を残している。旧穂高町に鎮座する穂高神社はその安曇族の信仰の象徴で、祭礼には「お船」と呼ばれる山車《だし》がぶつかり合うことで知られる。

安曇族の古来の拠点となったのは、福岡市の北にある「志賀島《しかのしま》」であった。ここはかつて「金印」が発見された所で、この地に安曇族が勢力を張っていたと考えられている。ここにある「志賀海《しかうみ》神社」の宮司さんは今でも「阿曇さん」である。

安曇族の痕跡はこの安曇野市の他に、対馬、兵庫、石川県志賀町《しかまち》、滋賀県安曇《あど》川、愛知県渥美半島に広がっている。最近まとめた名古屋の本の調査で、名古屋市内にも安曇

安曇族の信仰のシンボル「穂高神社」

族が入り込んでいたことを発見。改めて安曇族の広がりを痛感させられた。

実は松本市の住人は、その多くは安曇族ではなく、筑摩族だと言われる。安曇族の特徴は、今でも「エゴ」という海藻を食べているかどうかで判断できるとされている。

私の卒業した高校には安曇野からも多くの生徒が通っていた。先日同窓会でこの「エゴ」の話をしたところ、安曇野から通ってきた友人たちは皆「エゴ」を食べていたという。ところが松本出身者は「エゴ」という言葉すら知らなかった。これが歴史の現実というものだろう。

「エゴ」は九州でいう「オキュート」と同じもので、そこからも安曇族が海洋民族だったことが理解される。

6 宍道湖【しんじこ】（島根県松江市）

松江の魅力は、古代の神話の世界

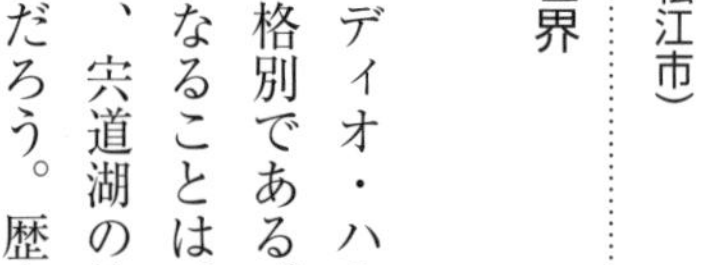

松江の魅力には、松江城、ラフカディオ・ハーンの住宅などいくつもあるが、宍道湖の夕景もまた格別である。数えきれないほど松江に通っているが、いつも気になることは、宍道湖に沈む夕陽が見えるかどうかである。たぶん、宍道湖の彼方に沈む夕陽の光景は日本一の美しさと言っていいだろう。歴史のロマンあふれる出雲の国の彼方に沈む夕陽というだけで、多くの人々を魅了する。

この「宍道湖」の「宍道」は、古代出雲国の「意宇《おう》郡」の中の「宍道郷」に由来する。「宍道」は古代においては「ししじ」と読んでいたが、現在では「しんじ」と読んでいる。

つい最近まで、宍道湖の南西部に「宍道町《しんじちょう》」という町があった。ここは、明治22（1889）年に意宇郡「宍道村」として発足し、昭和2（1927）年に「宍道町」となって現在に至ったが、平成17（2005）年、松江市に合併されて、今は松江市宍道町となっ

大国主命ゆかりの石宮神社

ている。

宍道湖の「宍道」の由来は、この旧宍道町にある「石宮《いしのみや》神社」にあると言われている。JR「宍道駅」から10分ほど車を走らせると、高速道路のすぐ下に、その「石宮神社」がある。

実は『出雲国風土記《いずものくにふどき》』に、この地名の由来に関する記述がある。お宮の看板には、それがわかりやすく現代風に書き記されている。

「出雲の国を治めておられた大穴持命《おおなむちのみこと》（大国主命《おおくにぬしのみこと》）が犬を使って猪《いのしし》狩《が》りをされました。この追われていた2匹の猪と犬は石となって今でも南の山に残っている。この故事より（猪のとおった道という意味から）

この地域を猪の道＝宍道《しじ》と呼ぶようになりました」『出雲国風土記』は天平5（733）年に出されているので、かれこれ1300年も前の話である。

写真の鳥居の左右に巨大な二つの岩が置かれているが、それが「猪石」だとされている。「犬石」は階段を上がった拝殿の後ろに祀られているが、猪石に比べれば小ぶりの石である。『出雲国風土記』は現存している風土記の中でも資料としての価値が高いとされており、実際にこのようなことが、たぶんあったのであろう。

「シシ」という言葉は、猪に限らず、もともと鹿などの野獣を指したもので、漢字としては「猪」「鹿」「獅子」「宍」「獣」などが当てられる。東北地方に見られる「鹿踊り」も「ししおどり」である。

「出雲」という地名の由来についても、『出雲国風土記』に八束水臣津野命《やつかみずおみつののみこと》が、「八雲立つ」と述べたことから「八雲立つ出雲」となったとされる。「八雲立つ」は「出雲」の枕詞となっているのである。

そんな知識を持って、再び宍道湖の夕景を眺めると格別なものがある。

確かに出雲大社にせよ、40年近く前に発掘された荒神谷《こうじんだに》遺跡にしても、とてつもない古代のロマンを秘めている。出雲の歴史の片隅に立ちすくんだ思いがした。

7 金華山【きんかさん】（宮城県石巻市）

金の神様の前の海が割れた！

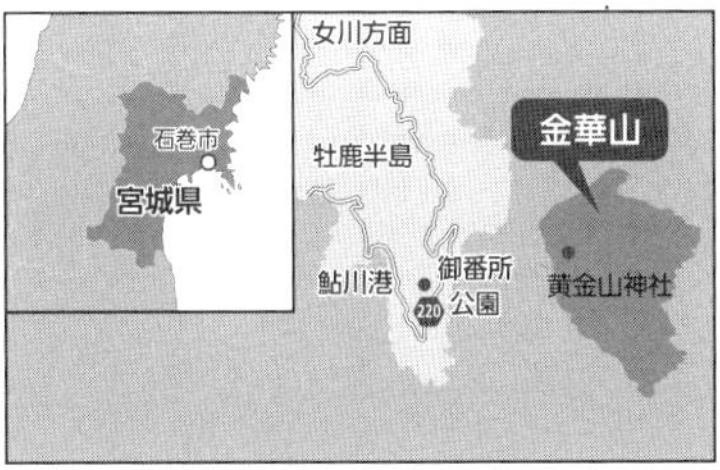

江戸時代に、金を生んだ神様として崇められるようになったことから、その島は金華山と呼ばれるようになった。

友人に急かされて高台の展望台に急いだ。間に合った！

展望台まで一気に駆け上がってみると、網地島《あじしま》の向こうに太陽が沈もうとしている。そして目を正面に向けると、金華山が黄金色に光って見える！すごい景色だ。海が180度どころか、360度ほどまでに広がって見える。

この穏やかな海を平成23（2011）年3月11日、あの東日本大震災が襲った。展望台は捕鯨漁の基地として知られる鮎川浜から、車で5分ほど上った御番所《ごばんしょ》公園にある。

御番所公園の海岸線から金華山まで、直線距離にして約2キロメートルある。写真①の手前から、金華山の島まで海が続いている。

写真① 御番所公園展望台から見た金華山

この海は、東日本大震災によって波が引き、海底がすべて露出して、何と人が通れるような状況になったという。昔、モーゼの「十戒《じっかい》」という映画で海面が割れ、出エジプトの民が海を渡るという映像があったが、まさにそれに似た現象が起こったというのである。

写真②は、海水が引いた状況を写したものである。ついに牡鹿《おしか》半島（向こう側）と金華山（手前）は陸続きになってしまっている。なお、写真②〜④は、金華山から牡鹿半島方面を撮っているので、写真①とは逆向きになっていることに注意されたい。

しかし、その1分後には、引いた波が押し返してきた。それを示すのが写真③である。

さらに双方から波が激しくぶつかり合うことになる。それが写真④である。波の高さ

写真②　海水が引いて陸続きになった

写真③　双方から押し寄せる津波

写真④　津波がぶつかった瞬間

は30メートルにも達したという。自然の驚異をまじまじと感じさせられる話である。

この金華山には、鮎川浜から船に乗ると十数分で到着する。写真①の右手から島の正面辺りに着くルートである。

金華山には黄金山神社という古い神社があり、古来、恐山《おそれざん》（青森県）・出羽三山（山形県）とともに、奥州三大霊場の一つに数えられてきた（写真⑤）。この黄金山神社は昔から「金《きん》」の神様として知られ、多くの信者を集めてきた。そこにはこんな歴史が隠されている。

聖武天皇が大仏造立《ぞうりゅう》の詔《みことのり》を出したのは天平《てんぴょう》15（743）年のことで、それから9年後の天平勝宝《てんぴょうしょうほう》4（752）年に、大仏開眼供養が行われた。

この大仏を造っている最中、奥州から金が採れたという情報が伝わってきた。『続日《しょくに》本紀《ほんぎ》』によると、天平勝宝元（749）年4月1日、聖武天皇が大仏（盧舎那仏《るしゃなぶつ》）の前でこう述べさせたという。

「この大倭国では天地の開闢以来、黄金は他国より献上することはあっても、この国にはないものと思っていたところ、統治している国内の東方の陸奥国の国守である、従五位上・百済王敬福《くだらのこにきしけいふく》が、管内の小田郡に黄金が出ましたと申し献上してきました。これ

写真⑤　黄金山神社社殿

を聞いて天皇は驚き喜び貴んで思われるに、これは盧舎那仏がお恵み下さり、祝福して頂いた物であると思い、受け賜りかしこまっていただき、百官の役人たちを率いて礼拝してお仕えすることを、口に出すのも恐れ多い三宝の御前に、かしこまりかしこまって申し上げますと申します」

同年4月22日には、百済王敬福が黄金900両を届けたとあり、その金を使って大仏を完成させたという。天皇はそのことを大そう喜び、元号を「天平勝宝」としたのだという。

ただし、この金は小田郡で採れたもので、金華山で採れたわけではなかった。小田郡は今の宮城県遠田郡涌谷町《わくやちょう》から大崎市東部に当たる。今も涌谷町には黄金山神社があり、そこが金の採れた場所だとされている。

ところが、江戸時代になると、金華山の黄金山神社が、金を生んだ神様として崇められるようになり、仙台から石巻を通って金華山に至る金華山道が整備され、多くの信者で賑わったという。

もともと金の神様であったことから、この神社に3年続けてお詣《まい》りすれば、一生お金に困らないと言い伝えられている。

それにしても、この神様の真ん前で海が割れたというのは、驚くべき現象で、まさに神業《かみわざ》としか言えない気がする。

8 善光寺【ぜんこうじ】（長野県長野市）

「善光」が持ち帰った日本最古の仏像

信州の片田舎にある善光寺は全国的に見ても別格の扱いの寺である。昔から謎の多いミステリアスな寺として知られてきたが、その謎解きをしてみよう。

「善光寺」という寺の名前は「善光」という一人の人物名によっている。このことを知っただけで、善光寺のルーツの半分は理解できたといってもいいだろう。

「善光寺縁起」によれば、お釈迦様がいた頃、インドに月蓋《がっかい》という長者がいた。信仰心の無い男だったが、娘の「如是姫《にょぜひめ》」の病を治してくれたことから阿弥陀如来を崇《あが》めることになり、それがやがて百済《くだら》国に渡り、さらに日本に伝えられたのだという。

これが日本に伝えられた最古の仏像であったが、これを受け入れるか否かで時の朝廷は意見が分かれ、結局仏教を信奉しようとした蘇我氏にこの仏像の所管を任せることにした。ところが物部氏は攻撃をかけ、この仏像を堀江（運河）に投げ捨ててしまった。

その後しばらく時が経ってのこと。信濃国の本田善光《ほんだよしみつ》という人物がこの地を通りかかったところ、どこからか「善光、善光……」と呼び掛ける声が聞こえた。すると、「我を信濃に連れていくように……」とおっしゃったという。

そこで、善光は自分の故郷の伊那（現在の飯田市）に持ち帰り、そこに「坐光寺《ざこうじ》」というお寺を造り阿弥陀如来を祀ったという。

ところが41年後に水内郡《みのちのこおり》（今の長野市）に移すことになり、その寺の名を本田善光にちなんで「善光寺」とした。そこで伊那の坐光寺は「元善光寺」と呼ばれることになった。およそ、今から1400年も前のことである。

善光が阿弥陀如来を拾ったとされる大阪府藤井寺市小山《こやま》にも「元善光寺」というお寺があり、藤井寺・飯田・長野というルートで善光寺は移動していったことになる。

善光寺詣でが今のような盛況を迎えるのは鎌倉時代以降のこととされているが、その背景には三つの要因があったと言われる。

①「日本最古の仏」

善光寺そっくりの「元善光寺」（長野県飯田市）

②「生身《しょうじん》の仏」
③「女人救済の仏」

①はすでに述べた通りだが、②の「生身の仏」というのは難しい。意味としては「生きている仏様」ということである。③の「女人救済の仏」のことはほとんど知られていない。高野山などの寺院は古来「女人禁制」だったのだが、この善光寺はむしろ女性を歓迎した。その結果、全国から多くの女性の参拝者が集まり、それが善光寺の特色となったという。

善光寺の歴史は隠れた日本の仏教史である。

9 比叡山【ひえいざん】（滋賀県大津市）

日本仏教を開花させた根本道場

彼らの時代に「ライバル」という言葉はなかったが、最澄と空海は、日本仏教界史上最大の貢献者であり、同時代のライバルでもあった。対照的な活動と教義を行ったこの二人の足跡は1200年経った現代でも感じることができる。

最澄（伝教大師《でんぎょうだいし》）（767～822）
空海（弘法大師《こうぼうだいし》）（774～835）

二人の天才がほぼ同時期に生きていたことに改めて驚嘆する。最澄の方が7歳年上になるが、二人は同じ延暦《えんりゃく》23（804）年、遣唐使に随行して唐に渡って修行を積み、最澄は翌年帰国、空海は2年後に帰国している。ほぼ同じキャリアを有し、帰国後、最澄は比叡山《ひえいざん》に天台宗《てんだいしゅう》を、空海は高野山《こうやさん》に真言宗《しんごんしゅう》を開いた。

比叡山と高野山は、様々な面で好対照をなしている。高野山が1000メートルに近い高地に街を形成しているのに対して、比叡山は延暦寺の伽藍《がらん》だけが点在する、いわば「山」である。

四国八十八か所めぐりに象徴されるように、空海が全国各地に足跡（伝説）を残しているのが特徴だとすれば、最澄が開いた延暦寺は、まさに我が国のその後の仏教を開花させた根本道場となったことが特徴と言える。

「延暦寺」という寺号を嵯峨《さが》天皇から賜《たまわ》ったのは、最澄没後の弘仁13（822）年のことであった。「延暦」は桓武《かんむ》天皇の時の元号であり、元号を寺号として下賜《かし》したという点に、いかに朝廷が延暦寺を重視していたかが表れている。

最澄が薬師如来を本尊とする「一乗止観院《いちじょうしかんいん》」を建てたのは延暦7（788）年のことで、それ以降、この比叡山に三塔十六谷の堂塔が建立され、天台宗の総本山となった。

一乗止観院は後に根本中堂《こんぽんちゅうどう》となるが、幾多の戦火で焼失し、今の建物は三代将軍家光によって建立されたもの。もちろん国宝に指定されている。

この延暦寺が輩出した名僧と、彼らが開祖となった宗派を挙げれば、いかにここが日本仏教発展の拠点であったかが理解される。

法然（1133〜1212）浄土宗
栄西（1141〜1215）臨済宗
道元（1200〜1253）曹洞宗
親鸞（1173〜1262）浄土真宗
日蓮（1222〜1282）日蓮宗

12世紀から13世紀にかけて、日本の仏教が大きく開花しているのがよくわかる。その基盤をつくったのが最澄の比叡山延暦寺であったのだ。

さて、「比叡山」の由来である。延暦寺という寺号を賜ったのは最澄没後のことだが、それまでは何と呼ばれていたのか。これは意外に知られていない。実は「比叡山寺」という名前だった。この「比叡山」の由来は、「日枝《ひえ》の山」で「日枝」が転訛して「比叡」

圧倒的な存在感を誇る根本中堂

となったと言われている。

　比叡山延暦寺は滋賀県大津市にあり、どちらかと言うと大津から登るのが一般的だ。その麓に鎮座するのが日吉大社である。全国に2000もあると言われる日吉・日枝・山王神社の総大社である。「日吉」もかつては「ひえ」と読まれていたが、戦後になって「ひよし」と読むようになったのだという。

10 太秦【うずまさ】（京都府京都市）

渡来人秦氏の痕跡

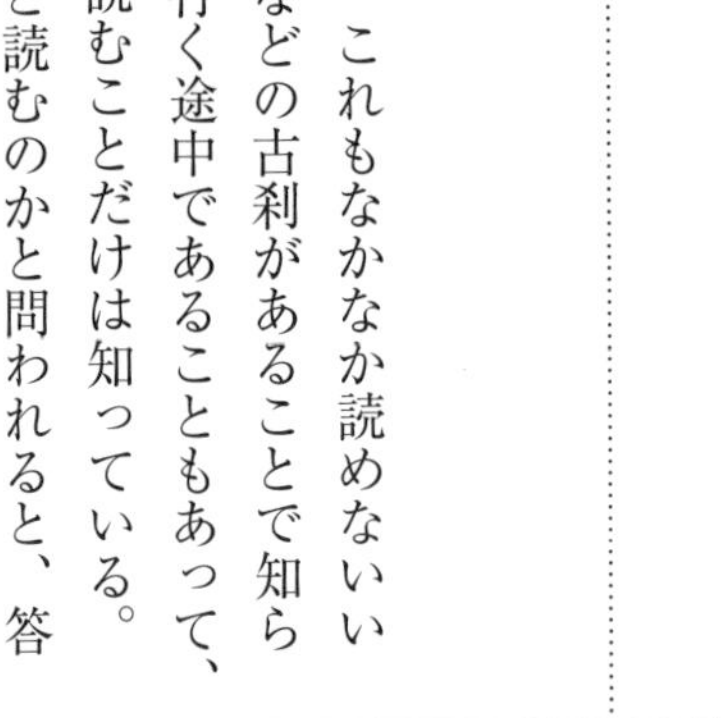

京都に「太秦」という地名がある。これもなかなか読めないいわゆる難読地名の一つだが、広隆寺などの古刹があることで知られているし、女性に人気の嵯峨野に行く途中であることもあって、多くの人々は「うず（づ）まさ」と読むことだけは知っている。だが、なぜ「太秦」を「うずまさ」と読むのかと問われると、答えることは難しい。

太秦は京都市の北西部に位置し、京都駅からＪＲの嵯峨野線で「太秦駅」で降りる手もあるが、やはり京福電気鉄道嵐山《あらしやま》本線の「太秦広隆寺駅」で降りてみたい。降りると、もう目の前は広隆寺である。

広隆寺の特徴は、平安京ができる前からこの地に建てられていたことである。聖徳太子の時代というから平安遷都をさかのぼること２００年近くにもなる。広隆寺沿革によ

秦酒公を祀る大酒神社

れば、広隆寺は推古天皇11（603）年に建立された山城国最古の寺院であり、四天王寺、法隆寺とともに聖徳太子建立の日本七大寺の一つである。この寺の呼称は、古くは峰岡寺といい、また秦寺、秦公寺などと呼ばれたが、今日では一般に広隆寺と呼ばれている。

　この地に渡来人の秦氏が住むようになって、その秦氏と聖徳太子は主従関係を結ぶことになった。当時の秦氏の中心人物・秦《はたの》河勝《かわかつ》のもとに太子から贈られたのが広隆寺の弥勒菩薩半跏思惟像《みろくぼさつはんかしゆいぞう》ではないかと言われている。この弥勒菩薩は法隆寺の夢殿に安置されている弥勒菩薩とほぼ同じ形態をしており、朝鮮半島の影響を受けたものである。韓国ソウル市の博物館にはその原型となった弥勒菩薩が安置されているが、見るからに同じである。

「秦」を「ハタ」と読んだ理由については、①秦氏が生産した綿や絹が肌に優しかったから「ハタ」と読んだことに由来する、②朝鮮語の海を意味する pata に由来する、③古代朝鮮語の hata（大・巨・多・衆の意）に由来する、等の説があるが、海を渡って渡来した伽耶系の人たちを、海を渡って来た意味の pata と多いという意味の hata の二重の意味を込めて「ハタ」と呼んだのではないかと考えられている。

次に「太秦」と書いてなぜ「ウズマサ」と読むかである。

『日本書紀』によると、秦の一族がばらばらに散らばっていたので、秦酒公《はたのさけきみ》はうまく統制できなかった。そこで天皇が詔を出して秦酒公のもとに馳《は》せ参じるべしとしたので、秦氏は感謝の気持ちで天皇に絹を献上し庭にうずたかく積んだので、「禹豆麻佐《うづまさ》」という姓を賜《たまわ》ったという。

秦氏は半島を通じて養蚕や酒造の技術を日本にもたらしたとされ、その後の日本の産業の基礎をつくった。

第7章

武人たちの鼓動を伝える地名

1 鵯越
2 蹴上
3 相去
4 桶狭間
5 安土城
6 関ケ原
7 巌流島
8 田原坂

1 鵯越【ひよどりごえ】（兵庫県神戸市兵庫区）

義経の「鵯越え」伝説の真実は？

元暦《げんりゃく》元（1184）年、源範頼《のりより》・義経の平氏追討軍と平氏の間で行われた「一の谷の合戦」で、義経が「鵯越え」を敢行し、山の上から一気に駆け下りる、いわゆる「逆落《さかお》とし」で平氏を打ち破ったというのは有名な話だ。この合戦に負けたことによって、平氏は一門の多くを失い、衰退の道をたどっていく。

この戦いを描いた作品としては『平家物語』『吾妻鏡《あづまかがみ》』などがあるが、記述は多様で確かなことはわかっていない。しかし、義経が70騎ほどを率いてこの鵯越を越えたことは事実のようだ。『平家物語』によれば、武蔵坊弁慶が道案内をしたところ、猟師の若者がその任に当たったという。若者が「この峠はとても人馬は越えられませぬ」と言うと、義経は「鹿なら越えることができるのか」と問うたという。若者が「鹿なら越えられます」と言ったところ、義経は「鹿が越えるならば、馬も越えよう」と言って、峠越

義経が「逆落とし」をかけたと伝わる一の谷

えをしたという。

実際は写真に見るような、鵯越えの地点から8キロほど離れた一の谷で逆落としをかけたというのが真実であろう。

神戸電鉄有馬線に初めて乗ってみた。「新開地」で乗り換えて、「湊川」「長田」「丸山」と続き、その次が「鵯越」である。もう完全な山の中である。

ほとんど観光客など来ないとみえ、名所案内も消えかかっている。とりあえず、北西0・5キロの地点に「鵯越の碑」があるというので、そこまで行ってみる。ところがすごい急坂で、さすが鵯越だなという思いがふつふつと湧いてくる。

登りつめると、そこにはアスファルトの大きな道が走っているが、いかにも似つかわしくない。

ここの山並みは、関東や東北にも見られるものとは大きく違っている。信州などの山並みは大きな渓谷になっていて、川筋に沿って登っていけば、ほどほどの高さまでは行けるようになっている。

ところが、ここの山並みはどこをどのように行ったら峠を越えることができるかわからない、といった感じなのだ。これでは平氏も油断するわけである。

この「鵯越」も由来に関しては、いくつかの説があるが、正解はない。昔天皇がこの山地に身を隠していて、この峠を越える時、いつもヒヨドリが道案内したという説や、ヒヨドリのような小さな鳥しか飛べなかったという説まであるが、柳田国男は『地名の研究』の中で、峠のことを「ヒョウ」と呼んだことにちなむと書いている。

ここは、単に地形というよりも、ヒヨドリにかけて解釈した方が面白いし、実態に合っているのではないか。私の目にはヒヨドリくらいしか越えることができないほど険しい峠だというのが真相であるように見えた。

義経は各地に多くの伝承を残しているが、この地もその一つ。英雄にはミステリアスな話がつき物だが、この写真1枚から一つのミステリーが書けそうな感じがするほど、魅力ある地である。

2 蹴上【けあげ】（京都府京都市東山区）

義経伝説、それって本当の話？

八坂神社から知恩院を通って南禅寺に抜ける道は、京都の中でも最も人気のあるコースの一つである。知恩院の三門に圧倒されながら道を北にとると、ややなだらかな道の向こうに平安神宮の大きな鳥居が見えてくる。その手前の大きな通りが三条通である。この交差点辺りを「粟田口《あわたぐち》」という。この粟田口はいわゆる「京の七口《ななくち》」の一つで、古来京の都の出入口であった。

この粟田という地名は、ここに平安遷都以前から住み着いていた粟田氏に由来すると言われている。ここは京焼の元になったと言われる粟田焼の産地でもあった。

粟田口からかなり急な坂道を東山方面に上っていくと、やがて右手に都ホテルがある。この道はかつての東海道で、東国に向かうにはこの坂道を上って峠を越えたのである。

この辺一帯を「蹴上」という。奇妙な名前だが、ここにはかの牛若丸にちなんだ伝説

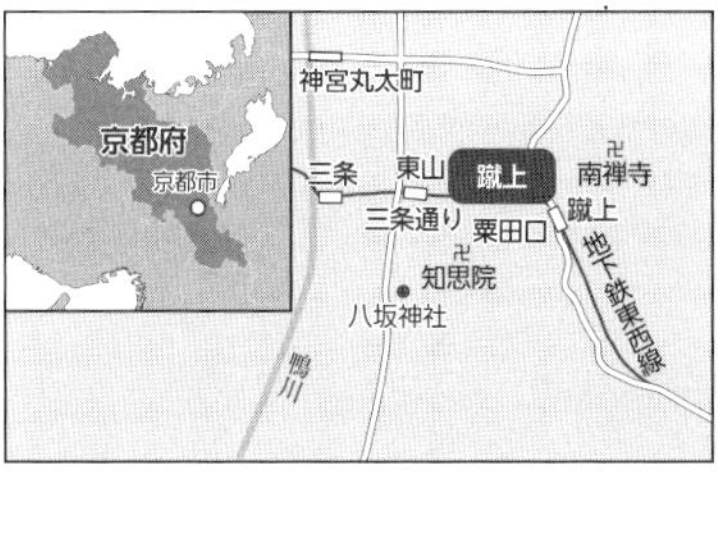

伝説の地・蹴上　右手方向に南禅寺。

が残されている。

その昔、源義経が牛若と名乗っていた頃、鞍馬山を出て金売商人の橘次《きつじ》末春《すえはる》に従って東に出発した。その時この地で関原《せきはら》与一《よいち》という人物の一行に出会った。与一は美濃国の武士で、馬に乗って京へ入るところだった。その従者が誤って峠の水を蹴って義経の衣を汚してしまったという。義経はその無礼を怒って、従者10人を斬り捨て、さらに与一の耳鼻を削いで追い放《はな》ったというのだ。血洗池は、義経が与一の従者を斬って、その刀を洗った所である。

これは本当の話だろうか。一般の義経像からは考えられない話である。まあくまで伝承として考えておくべきだろう。ただこの関原与一という人物は平家であったと言われており、そうなると、いつどこでこのような斬り合いが始まってもおかしくないご時世だったということかもしれない。

いずれにしても、「蹴上」という風変わりな地名の由来は、義経に水を蹴ったところからきている。その蹴上水なる水は粟田口神社の東方300メートルくらいの地点というから、都ホテルの前の道を上りつめ、南禅寺からの道と合流する地点だと思われる。一説によれば、さらに上で、今の浄水場辺りだったのではないかとも言われている。

義経が血のついた刀を洗ったという血洗池は、日ノ岡峠を東に下りた所にある御陵《みささぎ》血洗《ちあらい》町にあったという。今は京都市立鏡山小学校になっているが、ちょっとびっくりする地名である。

3　相去【あいさり】（岩手県北上市）

だまされて悔しさ残る南部藩

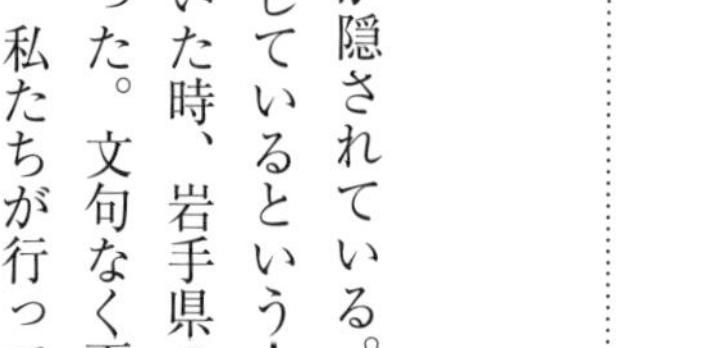

「相去」の地名には、面白い伝説が隠されている。伊達藩が南部藩に仕掛けたある巧妙な策が関係しているという……。

東北復興支援の講演活動を行っていた時、岩手県の人から「相去」という地名の存在を教えてもらった。文句なく面白い地名である。実は面白いだけでなく、従来、私たちが行ってきた地名研究の在り方そのものに、反省を迫るものでもあった。まずはこの「相去」の裏に隠されているストーリーを紹介しよう。

寛永《かんえい》年間（1624～1644）、岩手県の江刺《えさし》・胆沢《いさわ》両郡が伊達政宗の領地に、和賀《わが》以北が南部利直《なんぶとしなお》の所領に、それぞれ定められたのだが、どうもその境目がはっきりしない。境目をはっきりさせようと、伊達の殿から南部の殿に申し入れがあった。それは次のようなものだった。

「双方が同日同時刻、午に乗ってお城を出て、出会った所を境にしよう」という提案である。これは南部侯にとって有利と思える提案であった。金ヶ崎どころか、水沢辺りまで領地を延ばせる公算があったからである。

ところが、実際に落ち合ったのは「鬼柳《おにやなぎ》」と「相去」の境であった。これはいかにと思って見ると、南部侯は「牛」に乗って来たにも関わらず、何と伊達侯は、「馬」に乗って来ているではないか！

「これは話が違い申そうか……」と南部侯が言うと、伊達侯は、「そんなことはあるまい。わしの手紙をとくとご覧あれ」と言う。

手紙をよく見ると、「乗り物は午」と書いてある。干支《えと》の「午」を南部侯は「牛」と読み違えたのである。伊達侯は「馬」という漢字を使わず、わざわざ「午」の漢字を使って南部侯を欺いたことになる。しかし、策とは言っても「午」は「馬」のことだから文句のつけようもない。結局、伊達侯と南部侯はここを「相い去って」、「相去」という地名が生まれた……という話である。

この類の話を従来は、単なる作り話や伝説として、まともに取り上げることをしなかった。「まあ、こんな話もあるが、実際のところは……」という扱いをしていた。

しかし、この話の面白いところは、作り話にせよ、ここに南部藩の人々のやるせない気持ちがよく表れていることである。南部藩の20万石に対して、伊達藩は62万石で、とかく南部藩は伊達に一歩も二歩も譲らざるを得ない歴史的経緯があった。この話にはその悔しさがよく伝わっていると見ることができる。

岩手県北上市の一角に、南部藩と伊達藩の境目になった地点が塚として残されている。この塚を挟んで北側が「鬼柳」地区で、南が「相去」地区となっている。

鬼柳地区を歩いていたら、地元の郷土史家がやって来て、話を聞かせてくれた。「わしの小さい頃は、鬼柳と相去は仲が悪く、相去の子たちがやってくると石を投げたもんだ……」

相去事件から300年以上も経っていながら、地域にはこんな屈辱感が残っているのである。

「地名伝説」の面白さをこの「相去」は教えてくれた。

国指定史跡になっている南部領伊達領境塚

向かって左側（南）が伊達藩、右側（北）が南部藩。

4 桶狭間【おけはざま】（愛知県）

ヒントは『信長公記』にあり

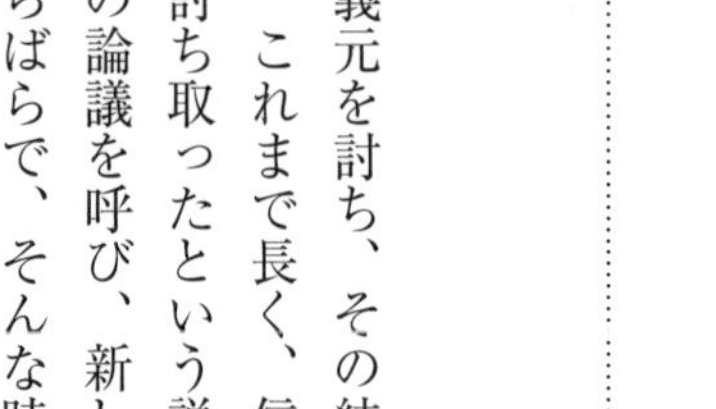

桶狭間の戦いは、織田信長が今川義元を討ち、その結果尾張一帯に勢力を伸ばしたことで知られる。これまで長く、信長はわずかな軍勢で奇襲をかけ、義元の首を討ち取ったという説が支配的だったが、近年歴史家の間でも多くの論議を呼び、新しい見方も展開されている。しかし、主張はばらばらで、そんな時には記述がかなり正確だと言われる『信長公記』をたどってみることが必要である。

永禄《えいろく》3（1560）年5月17日、今川義元は沓掛《くつかけ》に陣を構えた。情報を得た信長は清《きよ》州《す》城での家老衆との講和では作戦について一切話をせず、家老たちをあきれさせた。しかし、翌早朝、予想通り「すでに鷲津《わしづ》山・丸根《まるね》山の両砦は今川方の攻撃を受けている」という報告を受けた信長は「敦盛《あつもり》」の舞を踊った。

信長は「法螺貝《ほらがい》を吹け、武具をよこせ」と言い、鎧《よろい》をつけ、立ったまま食事をとり出

桶狭間古戦場公園（名古屋市緑区）

陣した。この時従ったのは数名の小姓たちをはじめ、雑兵200名ほどだった。すでに鷲津・丸根の砦は落ちたらしく煙が上がっていた。信長勢は善《ぜん》照《しょう》寺《じ》の砦に陣を構えて戦況を見極めた。

今川義元は4万5000の兵を率いて桶狭間山で休息していた。義元は「鷲津・丸根を攻め落とし、満足これに過ぎるものはない」と言って、謡を三番うたったそうだ。

信長は「中島への道は両側が深田で、足を踏み込めば動きがとれなくなる」という家臣の心配を退け、義元の陣営に向けて軍を進めた。すると激しいにわか雨が石や氷を投げ打つように降り出した。北西を向いて布陣した敵には雨は顔に降りつけ、味方には後方から降りかかった。

空が晴れたのを見て、信長は槍を押っ取り、大音声で「それ、掛かれ、掛かれ」と叫んで攻めかかると、敵は水を撒くようにどっと崩れた。初めは義元を囲む兵士は３００騎ほどもいたが、次第に50騎ほどに減って、ついに義元は信長勢の毛利良勝によって討ち取られた――。

『信長公記』に描かれた桶狭間の戦いの顛末はこのようなものである。そして「桶狭間」についてはこう記している。

「桶狭間という所は狭く入り組んで、深田に足をとられ、草木が高く低く茂り、この上もない難所であった」

「狭間」とは「迫間」「間」とも表記するが、要するに「狭くなった所」を意味し、多くは「谷あい」「谷間」を指している。また「桶」はもともと「ホケ」で「崖」を意味していたと考えられる。信長はこのような地形を利用して勝利を収めたのである。

5 安土城【あづちじょう】（滋賀県近江八幡市）

信長が築いた幻の名城の壮観さ！

これはびっくり！　「天主」に届かんばかりの大手道。

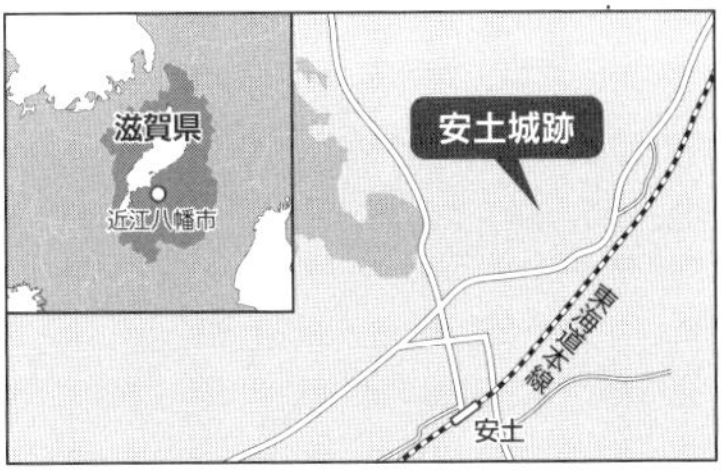

　安土城跡の入口に立ってみて、まずびっくり！　大手門跡から山腹まで幅6メートルの大手《おおて》道《みち》が約180メートルにわたり、階段として一直線に続いている。まさに度肝を抜かれるというのはこういうことだろう。一般に山城と言えば、裾野から曲がりくねって上っていくものだが、安土城はその常識を完全に覆している。

　織田信長が岐阜城を離れ、この安土に居城

を移して本格的な都市建設を開始したのは天正《てんしょう》4（1576）年のことである。天下統一を目指すには、より京都に近く、東山道・北陸道の分岐点であり、さらに琵琶湖の水運を活用できるこの安土の里が最適であると判断したためであった。

安土城跡はJR安土駅から2、3キロ離れた山の上にある。標高190メートルと言えばさして高い山とは言えないが、ほとんど海抜0メートル地点からの高さであり、さらにその山頂に金で塗り固められた7層の「天主」がそびえていたのだから、壮観の一語であった。竣工《しゅんこう》は天正7（1579）年頃だとされる。

『信長公記』ではこう記している。

「そもそも安土城は、広々と奥深い山中にあり、麓には歴々の住居が甍《いらか》を並べ軒を連ねている。光り輝くほどの結構な有り様は、いくら言っても言い尽くせない。西から北にかけては琵琶湖が漫々と広がり、舟の出入りが賑々《にぎにぎ》しく、遠浦帰帆《えんぽきはん》、漁村夕照、浦々の漁火、まことに絵のような景色である」「東には観音寺山があり、その麓には街道が通っていて、往来の人々が続き、昼も夜も絶えることがない」「信長の邸宅は唐様に習い、玉石や瑠璃《るり》を磨き並べたようで、またお馬廻り衆の住居もそれぞれ善美を尽くし、まさに花の都をそっくり移したかのようである」

しかし、信長の栄華は続かなかった。竣工から3年後の天正10（1582）年6月2日、信長は明智光秀の反乱によって本能寺にて自刃《じじん》。その直後、安土城は炎上してしまった。幻の名城と呼ばれるゆえんである。

信長は中世の権威を否定し、新しい時代を切り開く稀有《けう》の天才であった。信長が斎藤氏を滅ぼして「岐阜」という地名を命名したことはよく知られるが、この「安土」という地名も信長の命名によるものなのか？

もともと、この地は以前から「安土」という地名であったことは事実のようだ。読み方は「あど」であったらしい。信長が懇望して安土城を形容した七言詩の中に次の一節がある。

「山名安土太平兆」。「山ヲ安土ト名クハ太平ノ兆」と読む。『復元安土城』を書いた内藤昌氏は、天正7（1579）年「安土」と命名。その虚空《こくう》に竣峭《しゅんしょう》する天主の様態は、まさに「太平ノ兆《きざし》」として「天下統一」という信長の理想を具現するものであったに違いない、としている。

「岐阜」「安土」という地名に託した戦国武将の夢は、その後も雪崩のようにつながっていく。

6 関ケ原【せきがはら】（岐阜県不破郡関ケ原町）

その昔にも天下分け目の戦いがあった

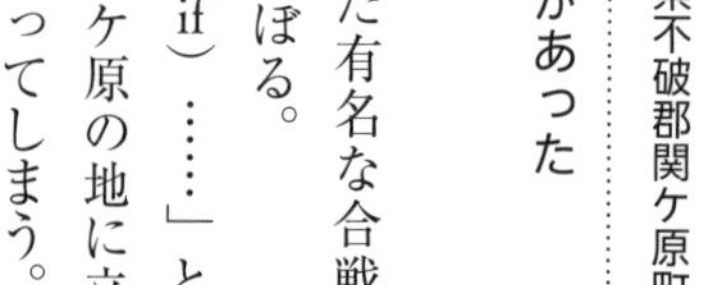

江戸幕府創設のきっかけとなった有名な合戦の地。その名のルーツは、1300年余りもさかのぼる。

歴史上の事件について、「もし（if）……」と考えることは歴史家の間ではタブーとされるが、関ケ原の地に立ってみると、どうしても「もし……」と考えたくなってしまう。

もしあの天下分け目の合戦で、西軍の石田三成《みつなり》が勝っていたら、その後の日本はどうなっていただろうか？　江戸幕府が開かれることもなく、現在の東京も存在していないだろう。首都は大阪で、九州から名古屋・金沢辺りまでが都会で、今の関東地方は田舎の田園地帯が続いていたに違いない。

慶長《けいちょう》5（1600）年9月15日（現在の暦では10月21日）に行われた合戦は、結果的に東軍の徳川家康が圧倒的な勝利を収めたことになってはいるが、その勝敗は紙一重で

関ケ原古戦場決戦地　ここが決戦の舞台となった！

あった。一般的には小早川秀秋《こばやかわひであき》が東軍に寝返ったことから形勢が逆転したと言われているが、現地の看板に、攻撃の先鋒《せんぽう》を任されるはずだったのに任されなかったので、東軍に寝返った軍があったという話が書いてあり、これは本当にどちらに転んでもおかしくなかったと考えさせられた。

信濃《しなの》の真田《さなだ》昌幸《まさゆき》と次男の幸村《ゆきむら》が西軍につき、長男の信之《のぶゆき》が東軍についたのは有名な話だが、どの大名も合戦後の家の存亡をめぐってギリギリの選択を迫られたのであった。結果的には家康の策が上回ったということだろうが、どの大名も責めることはできない。それが歴史というものだろう。

さて、この「関ケ原」という地名の由来だが、古来この地が美濃国《みののくに》「不破郡《ふわのこおり》」と呼ばれていたことによるというのが通説になっている。

大宝《たいほう》元（701）年の大宝令《たいほうりょう》施行以前に「不破評《ふわのこおり》」とあるので、すでに1300年以上も前にあった地名ということになる。

「不破」という、それこそ意味深長な地名の由来に関しては、「壬申《じんしん》の乱」が深く関わっている。壬申の乱は天武《てんむ》天皇元（672）年に大化の改新を成し遂げた天智《てんじ》天皇の後継をめぐって行われた合戦で、実はこの関ケ原がその重要な舞台となったのだった。

後継者争いは大友皇子《おおとものみこ》（天智天皇の皇子）と大海人皇子《おおあまのみこ》（舒明《じょめい》天皇の皇子）の間で起こり、関ヶ原に流れる藤古川《ふじこ》を挟んで陣を敷き、結果的には大海人皇子が勝利を収め、大海人皇子がその後天武天皇になった……という話である。

天武天皇は翌天武天皇2（673）年に、都（飛鳥浄御原宮《あすかのきよみはらのみや》）を守るために、東海道の伊勢「鈴鹿関《すずかのせき》」、北陸道の越前「愛発関《あらちのせき》」とともに東山道の美濃「不破関《ふわのせき》」を設けた。これがいわゆる「三関《さんげん》」と呼ばれるもので、古代の重要な関であった。

「不破」とは、いかにも軍事的な目的で命名されたことが明白で、その流れの中から「関ケ原」という名称が生まれたとされる。中世においては「関原郷」、関ケ原の合戦以降の近世には「関ケ原村」となり、昭和3（1928）年に「関ケ原町《ちょう》」となって現在に至っている。

7 巌流島【がんりゅうじま】（山口県下関市）

巌流佐々木小次郎と宮本武蔵、決闘の地

哀愁が漂う街、下関《しものせき》。平成19（2007）年、エンジン01という会の主催による文化戦略会議「オープンカレッジin下関」が下関で開かれた。三枝成彰《さえぐさしげあき》氏、林真理子氏など日本を代表する文化人が一堂に集まる学びの場である。

これをきっかけに、私も何年ぶりかで下関を訪れた。数年以上前に取材で来て以来、すっかりお気に入りの街になってしまっている。

とにかく、門司をはさんでの関門海峡が美しい。今回泊まったホテルの窓からは対岸に門司の街の灯りが海峡に影を落としている。そこに船がボー、ボーという柔らかい音を響かせながら通っていくのはまさに一幅の絵だ。

もともと、下関に惹かれたのは、「下関」以外に「中関《なかのせき》」「上関《かみのせき》」があると知ったからである。今は「下関」だけが有名だが、周防灘の関として、上・中・下の三つの関があっ

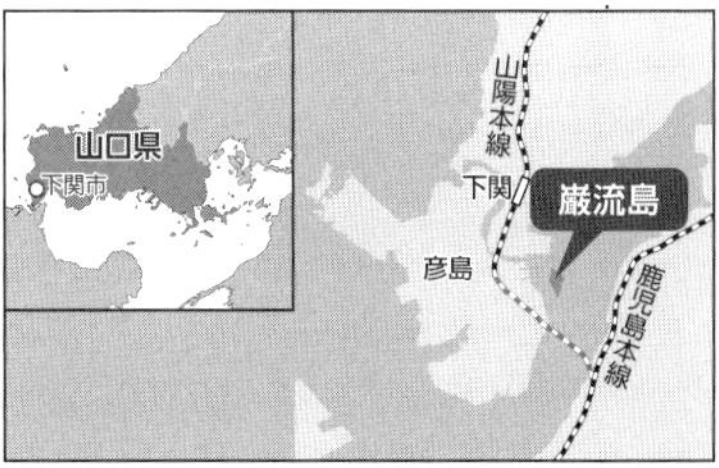

決闘の悲哀を伝える碑

たのである。「上関」は今も「上関町」として存在し、また、「中関」は現在の防府《ほうふ》市にあった関だという。もちろん、上・中・下は都に近い順番につけられている。

そして、下関には何とも言えない哀愁が漂っている。そう思わせる最大の理由は平氏が滅亡した壇ノ浦である。時は文治《ぶんち》元（1185）年3月24日、この海峡で平氏は滅亡した。

壇ノ浦の海峡の幅はほんとに数百メートル程度のものだが、とにかく潮流が速い。まるで、川のように音を立てて流れている。

およそ800年余り前、この海峡で何千人もの平氏の人々が海の藻屑《もくず》と消えていったかと思うと、胸が締めつけられる。

平氏はもともと西国に勢力を持っていたせいか、下関の人々は平氏びいきであるらしい。平氏を祀った赤間神社は堂々とした立派な建物だが、源氏が祈願したという大歳《おおとし》神社は隅にひっそりたたずんでいる。

この事件から400年以上経った慶長《けいちょう》17（1612）年、この近くで歴史に残る決闘が行われた。宮本武蔵と佐々木小次郎の一騎打ちである。下関の中心街に近い彦島は平氏が最後に拠点とした所だが、その彦島からほんのわずか舟で行った所に舟島という小さな島がある。

この島が決闘の地で、伝承によると、武蔵の一振りで勝負が決したという。しかし、どうやら真実は闇のままだ。最近の情報だと、武蔵は先に来ていたとか、小次郎は青年ではなく70歳を超えた老人だったという説まで出ている。

ただ、勝負に負けたのが小次郎だったことは事実で、その負けた小次郎を応援したくなる気持ちはわかるような気がする。だから、この島の名を小次郎の流派から「巌流島」と名づけたのだろう。島の一角に小次郎を悼《いた》む碑が建てられている。

8 田原坂【たばるざか】（熊本県熊本市）

西郷隆盛率いる薩軍ここに敗れる！

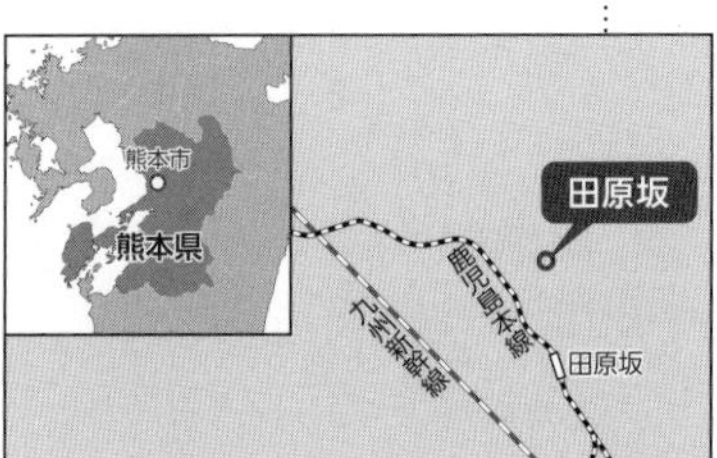

雨は降る降る人馬は濡れる
越すに越されぬ田原坂

後に民謡にまで詠《うた》われた「田原坂」。明治6（1873）年、西郷隆盛は征韓論で敗れて鹿児島に帰り、私学校を創って若者を育てようとした。ところが、明治10（1877）年1月29日、私学校の生徒が火薬庫を襲撃して武器弾薬を奪うという事件が起こった。2月19日には政府は鹿児島暴徒征討令を出し、本格的な西南戦争が始められることになった。

薩軍は官軍がこもる熊本城を包囲するものの、天下の名城はさすがに落城しない。そこに、官軍の応援部隊が北から入るという情報を得て、薩軍は熊本城から北西十数キロの地点にある田原坂で官軍を迎え撃つことになった。

激戦区　田原坂！

熊本城から北は台地上になっており、北方面から大砲などを通すことができる道路はこの田原坂が唯一のルートであった。

田原坂は低地から台地に上がる1・5キロの坂道で、標高差は80メートルほどであった。下から順に「一の坂」「二の坂」「三の坂」と連なっていた。

写真で見られるように、幅数メートルの道の両サイドは2～5メートル程度の土盛りがしてあり、下から上ってくる敵を左右からいかようにも討てるという軍事通路だった。これは通称「堀抜道」と呼ばれていた。この田原坂は、なだらかな丘を掘り抜いて道が通っていたのである。この道は、西南戦争からさらに300年さかのぼった時代に加藤清正公が造ったものであった。

3月4日から20日まで17日間両軍はここで熾烈《しれつ》な戦いを繰り広げた。官軍が使った弾は1日平均32万発と言われ、大砲も1000発を超えたという。最初は優勢を誇っていた薩軍も、雨で衣服も鉄砲も十分機能せず、ついに敗北に追いやられることになった。両軍合わせて6500人以上の戦死者・負傷者を出したという。

ところで、問題はこの「田原坂」の意味である。東日本の人間から見ると「原」を「バル」と読むのは違和感があるように思えるのだが、西日本ではごく当たり前である。もともと「ハリ」「ハル」とは「開墾」を意味している。だから、この「田原」も「田畑などを開墾した地」といった意味である。

「ハリ」「ハル」には「原」や「針」「春」などの漢字を当てることが多い。西日本では「バル」とか「バリ」と読むことが多い。愛媛県の「今治」などが典型だが、人名でも宮崎県出身の「東国原」前知事などもその例である。

第8章

北海道開拓がもたらした地名

1 知床【しれとこ】（北海道東部）

大地の行きづまる所

知床は、平成17（2005）年7月に世界自然遺産に登録された。我が国では白神山地、屋久島に続いて3番目である。

知床と言えば、まず思い浮かべるのは「知床旅情」だ。この歌は、森繁久弥や加藤登紀子によって歌い継がれてきたのだが、これまでどこか知らない異国のような思いで聴いてきた。しかし、まぎれもなく知床は日本の土地であり、その豊かな自然が世界遺産の評価の対象となった。

知床半島の北側の拠点は「ウトロ」である。斜里からはバスで1時間足らずだが、途中はほとんど集落らしいものもなく、巨大な自然が残されているといった感じだ。

ウトロは知床探訪の拠点のような所で、遊覧船がいくつも出ている。半島の半ばまで行く硫黄山航路に乗ってみた。

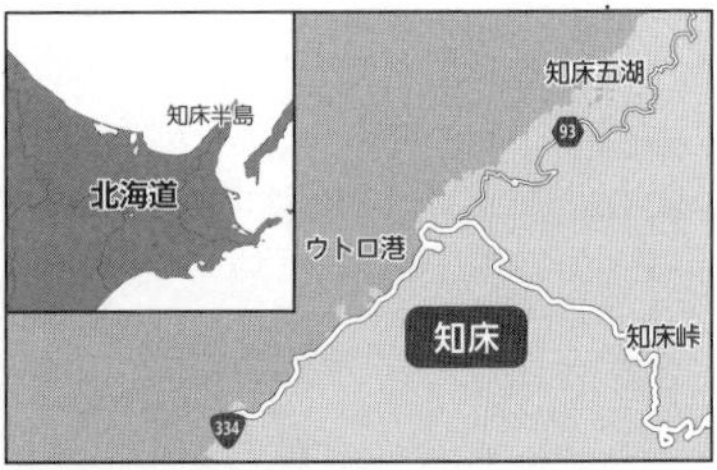

海に迫る断崖が続く知床の山々

写真で見るような200メートルもあろうかという断崖が海に激しく切れ落ち、まったく人を寄せつけない岸壁がどこまでも続く。季節によってはヒグマやアザラシが顔を見せるという。

岸壁には、クンネポールという海食洞がいくつも見られる。何万年もオホーツクの荒波にさらされてできたものだ。

船が出ると、やがてすぐにカモメがエサを求めて観光客に寄ってくる。まるで、人間の存在を気にもかけず、触れることができるような距離でも逃げようともしない。

右手には、ずっと半島が見えているが、ひときわ高く知床半島の最高峰・羅臼岳（1660メートル）が雄姿を見せてくれる。

クルージングの最後には、「知床旅情」を歌う加藤登紀子の声が流れる。現地でこの歌を聴くと、心にジーンとくるものがある。やはり日本人だ。

時間があったので、知床五湖まで足を伸ばしてみた。観光地化しており、観光客がバスで押し寄せてくる。一人旅の私としては、やや疲れた。

五湖めぐりは1時間半程度の行程で楽しいが、水は思ったほど澄んではいなかった。帰りに寄ったフレペの滝の方が知床らしい情緒を感じた。

「知床」はアイヌ語の「シリエトク」に由来すると言われ、「大地の頭の突端」あるいは「大地の行きづまり」という意味である。

北方領土に接する知床は、まさに大地の先端にある。

2 幸福駅【こうふくえき】（北海道帯広市）

福井県から移住してきた人々の熱い思い

もう50年以上も昔のことだが、「幸福駅」ブームなるものが北海道で起こったことがある。「愛の国から幸福へ」のキャッチフレーズのもと、北海道の「幸福駅」に全国の若者が殺到した。帯広駅から出ていた広尾線の「愛国駅《あいこく》」と「幸福駅」を結ぶわずか60円の切符が、昭和49（1974）年から翌年の8月までに800万枚も売れたというのだから驚きだ。

とにかく「愛の国」から「幸福」までわずか60円で行けるとしたら、それ以上のプレゼントはない。

広尾線は昭和7（1932）年11月に開通している。帯広駅と広尾駅を結ぶ約60キロの鉄道だが、「幸福駅」ができたのは昭和31（1956）年のことだった。それまでは「幸震《こうしん》」と呼ばれていた。これは単に音読みにしていただけのことで、もともとは「幸《きつ》震《ない》」と呼ばれていた。アイヌ語で「サツ」というのは「乾いた」という意味である。札幌の「札」も同じ意味である。「ナイ」というのは「川」を意味する言葉で、言うまでもなく北海道の至る所にある。アイヌの人々が川沿いに生活していた証しである。

そこで、問題は「幸震」がなぜ「幸福」に転訛したかである。「幸福町《こうふくちょう》」という町名ができたのは昭和38（1963）年のことだが、その「幸」はもちろん「幸震」からとった。では「福」はどこから来たのか？

実は、この地域一帯は明治時代に主に福井県の人々が移住して開発された所であった。「幸福」の「福」は「福井県」の「福」なのだ。

明治の中頃、福井県の大野郡はしばしば大きな水害に見舞われた。その復旧のめどが立たないまま、明治30（1897）年2月、村人たちは故郷をあとにして北海道に向かった。船で日本海を渡り、北海道の大地に足を踏み入れ、未開の地、十勝に着いたのは明治30年の3月16日のことであった。3月とはいえ、雪の原野を目の当たりにした村人たちはどんな思いで生活を始めたのだろう。この地域は米づくりはまず不可能で、もっぱら慣れない畜産に従事したということになる。

「愛国駅」は「幸福駅」より一つ帯広寄りだが、ここも駅舎だけは保存されている。

恋人たちの聖地として知られる幸福駅

だが、やはり人気は「幸福駅」で、広尾線が廃線となり廃駅となったものの、幸福駅を訪れる若者は相変わらず多く、ツーリングなどで立ち寄る姿が見られる。

北海道には新天地を求めて多くの「内地」の人々が移住した。特に福井県、富山県などの北陸からの移住者が多い。それ以外にも広島県、宮城県、鳥取県など全国に広がっている。札幌市の隣にある「北広島市」は明治17（１８８４）年以降、広島県から移住したことが縁でつけられた地名である。

北海道は寒い所だが、そこに故郷の地名をつけて少しでも頑張りたいと願うのは、いかにも人間らしい情の表れである。

そんな地名を私は「移動地名」と呼んでいる。

3 定山渓【じょうざんけい】（北海道札幌市）

「定山」という一人の僧の名前から

札幌市内から車で小一時間。「定山渓」温泉は札幌市内を流れる豊平川の上流の渓谷にあり、札幌界隈の代表的な温泉として多くの観光客を呼んでいる。

北海道の地名は、約90パーセントがアイヌ語に由来するとされているが、「定山渓」はいかにもアイヌ語らしからぬ地名である。それもそのはず、「定山渓」という地名は「定山」という一人の僧がこの温泉を開拓したという史実から命名されたものである。

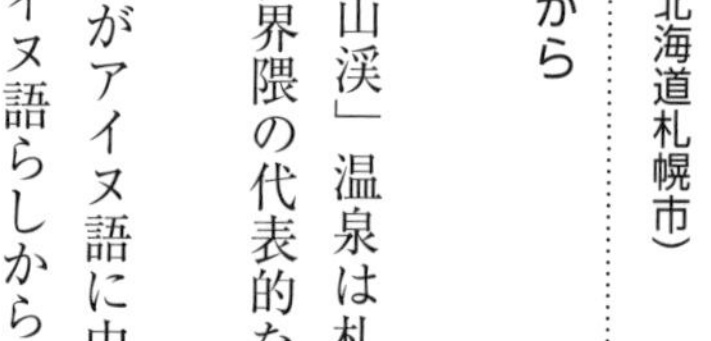

定山は今から200年以上も前の文化2（1805）年、備前国赤坂郡周匝《すさい》村、池田藩主の祈願所である繁昌院という寺院の次男として生まれた。17歳で寺を出て、各地の霊場を回って修行を重ねたというが、詳しくは資料もなく、わからない点が多い。

定山は壮年に及んで蝦夷地の松前に渡り、ここで修験者の総取締であった阿吽寺《あうんじ》に入

渓谷に広がる温泉街

り、さらに海岸沿いに北上して久遠《くどう》の太田山大権現にとどまり、太田法印と名乗ったという。場所は、函館の北の日本海沿いの地点である。その後、定山は小樽に赴き、そこで鉱泉を発見して人々に湯治を勧めたが、さらに奥に良い温泉が出ていると聞いて、二人のアイヌの若者の先導で定山渓に向かった。慶応２（１８６６）年のことであった。

定山はこの地を自らの究極の地と定め、背後の山を「常山《つねやま》」と名づけて修行の道場とし、温泉場の開発に勤しむことになる。

定山は原始林を切り拓き、畑をつくって自給自足の生活をしながら温泉場を開き、病人や怪我人を温泉場に連れて行こうとした。ところが、温泉場に至る道は難所続きの険しい山道で、病人や怪我人を連れて行くのは、とても不可能であった。

当時は北からのロシアの脅威に不安を抱えていたが、明治2（1869）年8月、明治新政府は蝦夷地を「北海道」と名づけて開拓使を設置して、本格的な開拓を開始した。

その後、定山は開拓使から湯守を命じられ、扶持米《ふちまい》も与えられたが、念願の道路が完成したのは明治4（1871）年のことであった。この年、時の東久世《ひがしくぜ》開拓使長官が定山の功績を讃えて、この地を「定山渓」と命名したとのことである。

しかし、定山の暮らしは容易ではなく、様々な努力をしていた矢先、突然行方不明になってしまった。73歳の時であった。その後定山の行方はずっと不明だったが、100年余りも経った昭和54（1979）年に、小樽にある寺院の過去帳に「美《み》泉《いずみ》定山《じょうざん》法院」の戒名が見つかったことから、行脚中に倒れ、孤独な死を迎えたとされる。

定山渓温泉は、豊平川の渓谷に立派なホテルが建ち並び、周りの豊かな自然とマッチした落ち着いたたたずまいを見せている。温泉街の中央にある月見橋の近くには、渓谷を見下ろすように定山の像が建っているが、その表情は、定山渓温泉のその後の発展を一人喜んでいるように見える。

第9章

都市名に隠された歴史

1 仙台
2 会津若松
3 平塚
4 松本
5 名古屋
6 岐阜
7 金沢
8 富山
9 福井
10 高槻
11 堺
12 姫路
13 松江
14 高知
15 福岡
16 熊本
17 豊見城

1 仙台【せんだい】（宮城県仙台市）

伊達政宗が「仙台」に託した夢

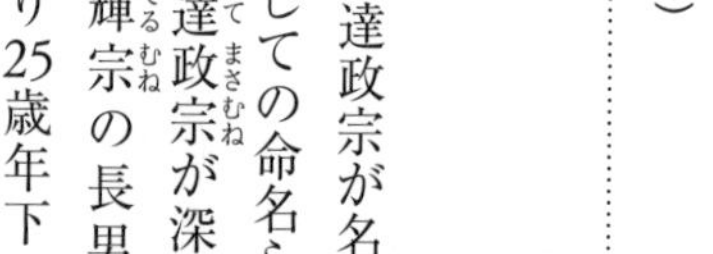

陸奥・仙台藩の初代藩主である伊達政宗が名づけた「仙台」は「岐阜」と名づけた織田信長を意識しての命名らしい――。

「仙台」という地名誕生には、伊達政宗《だてまさむね》が深く関わっている。政宗は出羽国米沢城藩主・伊達輝宗《てるむね》の長男として、永禄《えいろく》10（1567）年に生まれた。家康より25歳年下に当たる。幼名は梵天丸《ぼんてんまる》と言い、隻眼《せきがん》・果断であったために独眼竜と称された。

輝宗亡き後、二本松城、会津城を攻め落とし、東北南部に勢力を広げていった。天《てん》正《しょう》18（1590）年に秀吉の小田原城攻めに加わったが、会津などの領地を失い、翌天正19（1591）年、現在の仙台市北方に位置する岩出山《いわでやま》に移った。

政宗は関ヶ原の戦いに際しては、家康方について上杉景勝らと対抗関係にあった。そこで、政宗は慶長《けいちょう》5（1600）年、重臣・山岡重長《やまおかしげなが》を上洛させて家康の許可を取り、

青葉山公園から仙台の街を見守る政宗像

今の青葉山にあった千代《せんだい》城跡に新城築城の縄張りをはじめ、本格的な城を完成させることになる。

青葉山にはそれまで「千代城」という名の城があり、かつて国分氏が居城していた所であった。国分氏というのは、今も仙台市内に陸奥国国分寺の跡があるように、国分寺にちなむ豪族であったらしい。その一族がこの地一帯を支配しており、今も仙台の繁華街として知られる国分町はその名残だという。

この「千代城」を同じ音である「仙台城」に変えたのは、他ならぬ政宗であった。新しく築城した際に城の名称を変えるということは、あり得る話である。

ただし、注目すべきは、この命名が信長を意識して行われたことだ。信長は中国・周の時代の「岐山」という実在する山にちなんで「岐阜」と命名した。『伊達政宗の研究』を著した小林清治氏は、この信長にならって政宗は「仙台」と名づけたであろうとしている。

かつてあった「仙台橋」の擬宝珠《ぎぼし》（手すりの柱の上に設けられている飾り）には次の銘文が刻まれているという。

仙台橋
仙人橋下　河水千年
民安國泰　孰与堯天《ぎょうてんといずれぞ》

意味はこうなる。

仙人橋下、河水の流れが永劫《えいごう》に変わらず、民・国とも安泰して、まさに聖天子堯の世にも比せられんことを――。

政宗は教養面でも優れていたと言われ、唐詩にも造詣《ぞうけい》が深かった証しである。仙台に入府した思いをこんな歌にして残している。

入そめて国ゆたかなる
みぎりとや
千代《ちよ》とかぎらじ
せんだいのまつ

本当に久し振りに青葉城址に上ってみた。11月も20日過ぎだというのに、紅葉で青葉山は真っ赤に染まっていた。タクシーの運転手さんが「紅葉がはらはらと舞う仙台は最高ですよ」と言った。今夜は国分町で一杯か……。

2 会津若松【あいづわかまつ】（福島県会津若松市）

蒲生氏郷のふるさとの若松への思い

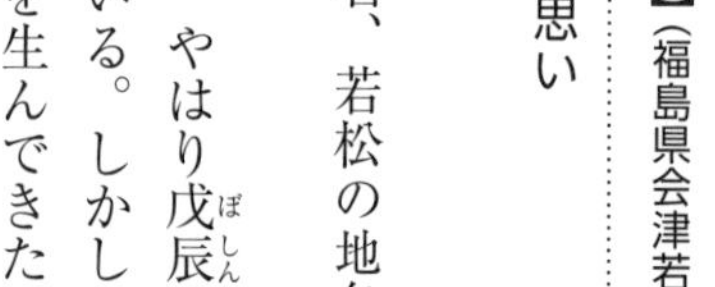

『古事記』にさかのぼる会津の地名、若松の地名には蒲生氏郷《がもううじさと》のふるさとへの思いが……。

私たちにとって「会津」というと、やはり戊辰《ぼしん》戦争の会津での戦いが強烈な印象に残ってしまっている。しかし、さらに歴史をさかのぼると、古代以来多くの文化を生んできた地域であることがわかってくる。

「会津」という地名に秘められた歴史とは何か、探ってみよう。

『古事記』には、崇神《すじん》天皇の時期に、全国の反乱の起きている四つの地域に将軍を派遣して平定したという記述がなされている。この将軍を「四道《しどう》将軍」と呼び、そのうち北陸（高志）と東海に派遣された将軍がこの地で落ち合ったという話になっている。

北陸に派遣した将軍を「大毘古命《おおびこのみこと》」と言い、東海の12か国に派遣した将軍を「建沼河《たけぬなかは》

歴史の舞台になった会津若松城（鶴ヶ城）

別命《わけのみこと》」と言った。

　東国を平定すべく派遣されたこの二人の将軍は親子で、それぞれの役目を果たして落ち合ったのがこの「会津」であったという。

『古事記』では、「相津」という漢字を使っている。その「相津」が後に「会津」に転訛したということになる。

　たぶんこのような事実があって、この「会津」という地名が生まれたのであろう。

　問題はここが「津」と呼ばれたということである。「津」は言うまでもなく「湊」を意味するのだが、かつてこの「会津平野」（地元ではこう呼んでいる）は湖であったと言われている。「津」はその名残と考えていいだろう。

現在の会津若松市一帯を長く支配していたのは葦名《あしな》氏であった。伊達政宗がその葦名氏を攻め、政宗が一時この地を治めることになるが、秀吉の「奥州仕置」によって政宗は岩出山城に移ることになる。

その代わりにこの地にあった黒川城に入ったのが近江国の蒲生氏郷（1556〜1595）であった。氏郷はやむなく故郷を捨てて黒川に移ったとされ、故郷にあった「若松」という地名をとってこの地を「若松」と名づけ、城の名前も「会津若松城」とした。現在も滋賀県日野町《ちょう》には氏郷が遊んだという若松の並木が残されている。

「若松」という地名には、そんな氏郷のふるさとへの思いが今に伝わっている。

戦国武将が地名を改変する例は、伊達政宗が「仙台」、織田信長が「岐阜」と名づけたりしたように、全国に多く見られる。それらはいずれもイメージの良い地名に改変しており、その点では大いに評価すべきであろう。

確かに「黒川」よりも「若松」の方が印象がいいと言える。

氏郷は信長にならって、楽市楽座を推進し、日野商人を会津若松に移して漆や焼き物などの産業を興すことにも成功している。

3 平塚【ひらつか】（神奈川県平塚市）

「平家」の姫にちなんでつけられた？

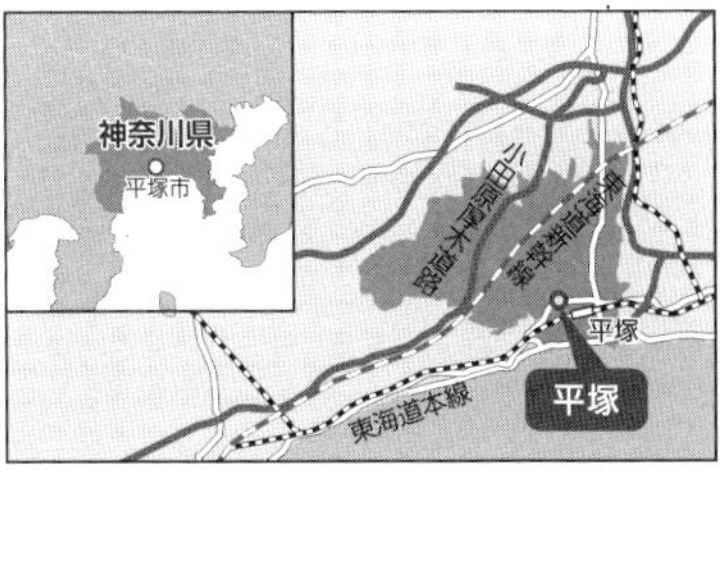

「平塚」のイメージはやはり「七夕まつり」だ。7月第1金曜日から始まる平塚の七夕まつりは、その後千葉県茂原市、仙台市などで花を開かせ、さらに夏の東北地方を祭りで染め上げていく。それに合わせたように、「平塚」という地名にもある種の華やかさがまとわりついている。

『新編相模国《さがみのくに》風土記稿《ふどきこう》』には、こう記されている。

「東海道宿駅の一にして、江戸日本橋より十五里半、土人云、往昔《おうせき》高見王（桓武《かんむ》天皇三代孫）の子政子東国に下向《げこう》あり、天安元年二月廿五《にじゅうご》日逝す、其柩《ひつぎ》を当所に埋め、一堆の塚を築て印とす、其塚上平かなるより、地名起れりと」

歴史的事実関係だけを訳すとこうなる。

「里人によれば、その昔桓武天皇三代の孫に当たる高見王の娘政子が東国に下向した際、天安《てんあん》元（857）年2月25日この地で亡くなられたのでその柩をここに埋め、塚を築いて印とした。その塚の上が平らであったことから地名がついたという」

平安京を築いた桓武天皇はその後、貴族と武士の両世界で勢力を伸ばし、高見王の息子・高望《たかもち》公の時代には、関東一円を勢力下に治めるまでに発展した。高望公を通じて、関東一円に力を伸ばした千葉氏・秩父氏・豊嶋氏などは「板東《ばんどう》七平氏」と呼ばれ、これらの桓武平氏の力で頼朝は鎌倉幕府を開くことになる。

さてこれまで流布されていた「平塚」の由来は、塚の上が平らになったので「平塚」となったというものであった。数年前、その種の記事を読み、納得できなかった。何かが抜けている、何かが隠されている、と。塚は墓なのだから、平らにする必要はないし、仮に崩れたとしても土を盛ればいい。どうしても「平」にしたい理由があったはずだ。それは何か？

それは、――政子が「平」家に嫁ぐことになっていたという現実である！

もちろん、伝承である以上、事実であったかどうかはわからない。しかし、こう考えるとすべてにつじつまが合ってくる。

「平塚」は住宅街の一角にかなりの広さで整備されていた。歩いて上ってしまえるよ

どう見ても塚に見えない平塚の塚

すぐ隣にある平塚の碑

うな高さである（2本のケヤキの木の間）。解説には先に引用した『風土記稿』が訳されている。

「その塚の上が平らになったので里人はそれを『ひらつか』と呼んできた」

ここに誤りがある。原文は「其塚上平かなるより、地名起れりと」で、この「平かなる」を「平らになった」と訳している。ここは「平らであった」と訳すのが正しい。「平らになった」のではなく、もともと「平らであった」のだ。板東の武士のもとに嫁ぐ途中で亡くなった政子への思いを後世に伝えようとしたメッセージであろう。そうなると「平塚」の「平」は平氏のことになる！

歴史の面白さはつまるところ推理力で決まる！

4 松本【まつもと】（長野県松本市）

武田による32年の支配から脱して

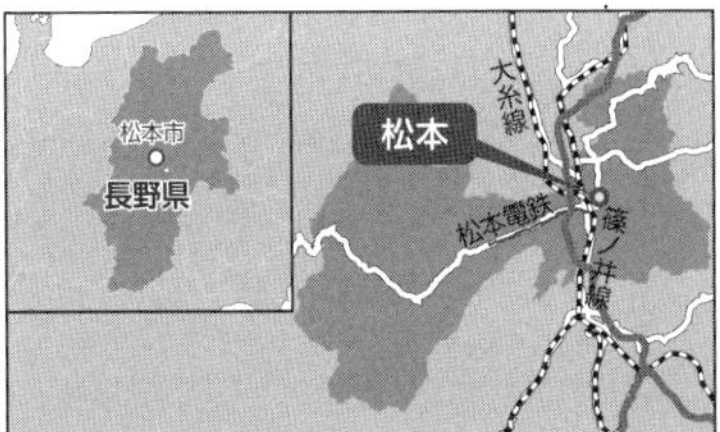

松本市と言えば、長野市に並んで長野県を代表する都市の一つである。

長野県松本市は、国宝・松本城を中止にアルプスへの登山口として知られてきたが、近年、「山ガク都」をキャッチフレーズに躍進を続けている。「山ガク」とは「楽都・岳都・学都」を意味し、音楽・山岳・学問で有名な街だとしている。長野市が長野県の政治の中心だとすれば、松本市は経済・文化の中心都市として発展してきた。

しかし、この「松本」という地名は、そう古いものではない。戦国期から江戸初期にかけて、当該地域を支配した武将が命名した地名が、現代の都市名にはたくさん残っている。「岐阜」は織田信長、「仙台」は伊達政宗、「熊本」は加藤清正といった具合に、戦国武将が命名した地名は今も全国各地に残っている。「松本」もその一つである。

「ほうとう」と言えば、甲斐《かい》国の名物だが、松本地方でも秋口になると、かぼちゃを入れたほうとうを食べることがある。信州松本地方には、甲斐国・武田信玄の影響が、かなり強く残っている。

「信玄ってどうも好きになれん……」

20年近く前に97歳で天寿を全うした母が何気なくつぶやいた一言が妙に心に残っている。母も私も、松本生まれの松本育ちだが、この一言に〝松本人〟の微妙な心理が垣間見える。それは松本地方がある期間、武田信玄に一方的に支配されたという歴史があるからだ。

現在、国宝に指定されている松本城の前身は「深志《ふかし》城」だった。この地に城が築かれたのは永正《えいしょう》元(1504)年頃だとされる。この城はやがて信州の名門とされる小笠原長時《おがさわらながとき》の直轄となるが、長時は天文《てんぶん》17(1548)年に塩尻峠で信玄に歴史的惨敗を喫し、周辺にある山城もことごとく落とされてしまった。長時は同じく信州の名門、村上義清《よしきよ》などと結んで抵抗しようとしたがかなわず、結局、会津で命を落とすことになる(1583年)。

その間、武田は信長によって滅ぼされるが、天正《てんしょう》10(1582)年、長時の弟の貞《さだ》

深志城と呼ばれた松本城

種《たね》が深志城に入ることになった。ところが、徳川家康の力によって長時の三子の貞慶《さだよし》が城主に収まることになった。

そして同年7月、32年間武田によって支配されてきた深志城を取り戻した貞慶は、家臣一同に宣言を出したという。

「今後、深志を改めて松本と号す」

これが「松本」の始まりである。全国に「松」がつく都市は「松江」「松山」など多くあるが、「松」は常緑樹で若々しいという縁起をかついだとも言えるし、家康のルーツが「松平」であったことも関係しているのかもしれない。

「深志」という地名も捨てがたいが、もとは「深瀬」、つまり「深い瀬」のことである。それよりも「松の本」がいいという判断だったのだろう。

5 名古屋【なごや】（愛知県名古屋市）

名古屋の街は家康によってつくられた

地名研究の立場からすると、「名古屋」という都市名はちょっと珍しい。というのは、漢字三文字から成っているからである。

読者の皆さんが住んでいる地域を見てもわかるように、地名というのはおおよそ漢字二文字から成っている。それは古く奈良時代から、地名は二文字で表記するよう指示されていたからである。これを「二字政策」と呼んでいる。

「名古屋」が三文字になったのは、そのルーツが「根古谷《ねごや》」であったからだ。「根古谷」とは中世の豪族が造った砦《とりで》のようなものを指す言葉である。その「根古谷」が「名古屋」に転訛したと考えられる。

今の名古屋城内の二の丸に「那古野城跡」という記念碑が建てられている。「那古野」は「なごや」と呼んでいる。つまり「名古屋城」のもとは、「那古野城」だったのである。

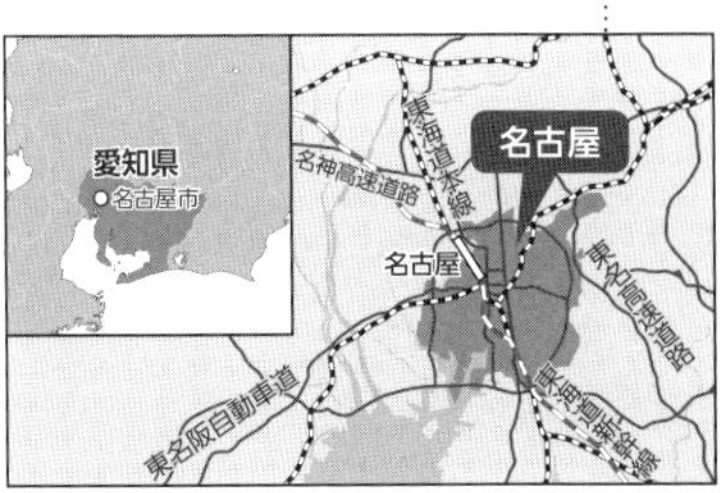

また、現在の丸の内二丁目にある「那古野神社」は、かつては「那古野城」のもとにあったものだ。これも「なごやじんじゃ」と読んでいる。

それればかりではない。名古屋城の西側を流れる「堀川」沿いの「四間道《しけみち》」と呼ばれる地域は「那古野《なごの》」という町名になっている。

つまり、この「名古屋」はもともと「那古野」だったことになる。「那古野城」はもとは、今川氏親《うじちか》が築いたものだが、享禄《きょうろく》5（1532）年信長の父に当たる織田信秀が策略を持って奪い、生まれたばかりの信長を城主にすえたことから、織田家の名古屋の歴史が始まってくる。

しかしその後、信長が清洲に移って清洲城を築城し、そこに拠点を設けたことによって那古野城は廃城となってしまったのである。

それから後に、徳川家康がこの旧那古野城跡に巨大な城を造ることを命じたのは慶《けい》長《ちょう》14（1609）年のことであり、5年後には金の鯱《しゃちほこ》が輝く名古屋城がほぼ完成した。

これとほぼ同時に、家康は清洲からすべての建築物、人をこの名古屋に移住させた。慶長15〜18（1610〜1613）年のことだが、これを人々は「清洲越し」と呼んだ。歴史的にはほとんど例のない「町の引っ越し」であった。城の名前も「名古屋城」とし、

名古屋城二の丸にある「那古野城跡」

町も「名古屋」と命名した。現在の名古屋の基礎をつくったのは他ならぬ家康であった。

先に「名古屋」のルーツは「根古谷」であったと言ったが、その根拠はこの東海地方には数多くの「根古谷」があったことにある。「根古谷」が「那古野」になり、家康によって「名古屋」とされたと考えることができる。

秀吉が朝鮮に出兵した際の拠点となったのは佐賀県唐津市に築かれた「名護屋城」である。この「名護屋」と「名古屋」は関係があるのか──。

秀吉は尾張国中村（現在の名古屋駅周辺）に生まれ、「なごや」という地名に共感を持っていたから、この「名護屋」の地に城を造ったと私は考えている。

6 岐阜【ぎふ】（岐阜県）

さすが信長、眼のつけどころが違う！

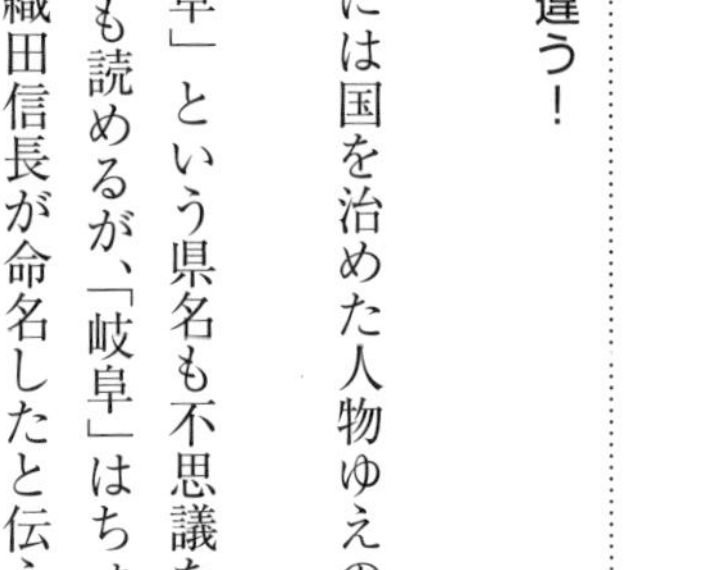

織田信長が名づけたとされる地名には国を治めた人物ゆえの意味が込められている。

よくよく考えてみたら、この「岐阜」という県名も不思議な名前だ。「秋田」「広島」「長崎」なら誰でも読めるが、「岐阜」はちょっと難しい。この岐阜という地名は、織田信長が命名したと伝えられる。その背景を探ってみよう。

名古屋を過ぎて岐阜市に近くなると、右手にまるで壁のようにそそり立つ金華山が目に入ってくる。その頂上に、ちょこんと乗っているのが岐阜城である。この城こそ、斎藤道三・織田信長が居城した名城である。もちろん今の建築は鉄筋で再現したものに過ぎないが、金華山山頂に城を築いたという発想に、まず現代人なら驚くはずだ。

もともとこの城は鎌倉時代に軍事用の砦として築かれたのが始まりとされる。その後、

壮観な岐阜城からの眺望　写真の右に見える川は長良川。

この城が歴史上有名になるのは、斎藤道三が天文《てんぶん》8（1539）年に入城し、ここに居城したことによる。当時は「稲葉山城」と呼ばれていたが、永禄《えいろく》10（1567）年織田信長が斎藤龍興《たつおき》と戦って勝利を収め、城下の「井《い》之口《のくち》」という地名を「岐阜」と改称した。

それにちなんで「稲葉山城」も「岐阜城」と改称したという。信長はこの岐阜城下に「楽市・楽座」を設け、広く商業発展策を講じ、多くの商人で岐阜は栄えることになった。永禄12（1569）年に、この地を訪れた宣教師のルイス・フロイスがその壮麗さに驚いたことは書簡で本国ポルトガルにまで伝えられた。

ではなぜ、この地を「岐阜」と名づけたのか。

一般に流布している説によれば、尾張「政秀寺」を開山した沢彦宗恩《たくげんそうおん》が「岐山・岐陽・岐阜」という三つの地名を提案し、信長が選んだとされている。これは中国の故事にならったもので、周の時代に「岐山《きざん》」という所に都を置き、そこを拠点として殷《いん》の国を滅亡させた縁起の良い地名とされる。「岐山」という山は西安近くに実在する山で、この山にちなんだということになっている。

「岐」という漢字は「岐路」「多岐」という用語を見てもわかるように、「枝道」とか「分かれる」という意味を持っている。それに加えて「阜」は「大きい」とか「おか（丘・岡）」の意味である。すると、信長の頭には、居城した金華山が左右を見分けることができる「大きな岡」に見えたのではないか。

それを確かめるために、金華山に上ってみた。ロープウェーを降りて7分ほど階段状の尾根道を登ると、そこに今の岐阜城が建てられている。

城からの展望は息をのむほど美しい。「すごい！」の一言である。西の息吹山から東は名古屋の中心街まで濃尾平野が手を取るように見える。標高はわずか329メートルなのだが、濃尾平野はせいぜい20〜30メートルの海抜なので、300メートルの落差がある。

確かに、ここは「岐阜」（左右を見分けることができる大きな岡）であった。天下を取る人ならではの着眼点である。

7 金沢【かなざわ】（石川県金沢市）

昔は砂金が採れた街？

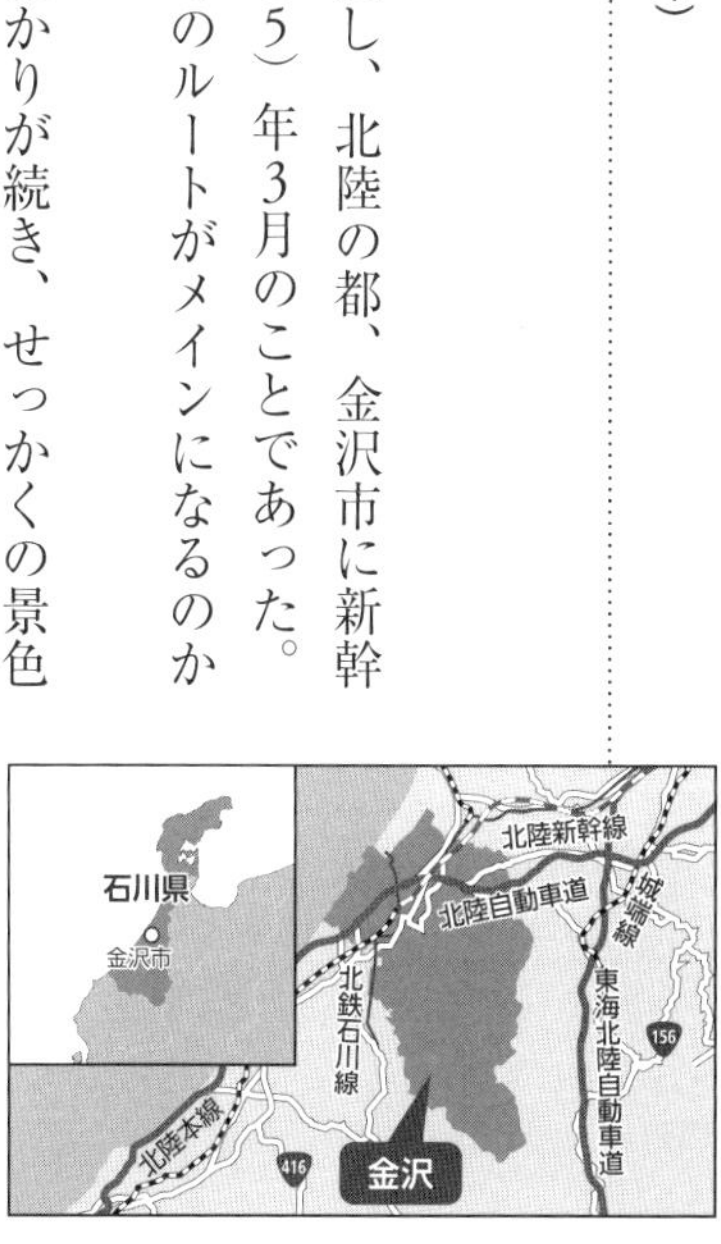

北陸新幹線が長野～金沢間で開通し、北陸の都、金沢市に新幹線が乗り入れたのは平成27（2015）年3月のことであった。これからは金沢に行くには東京からのルートがメインになるのかもしれない。

ただし、北陸新幹線はトンネルばかりが続き、せっかくの景色を眺めるゆとりはほとんどない。その意味では旅を楽しむ私たち向きではないらしい。

「金沢」の地名に関しては、『金澤古蹟史《こせきし》』という、かなり信頼度の高い本にこう記されている。

「當所《とうしょ》金澤の地名は、南矢倉下に霊泉あり、昔は是を金洗澤《かねあらいさわ》と呼べり。後中略して金澤といふ。芋堀藤五郎といふもの、此の澤水にて金砂を洗ひすゞぎける故に、金洗澤の名ありと」（巻一）

ここにある地名伝説「芋堀藤五郎《いもほりとうごろう》」とは、およそこんな話である。

昔、この地に山芋を掘って暮らしを立てていた藤五郎という若者がいた。

その頃、大和に方信《ほうしん》という人がいて、その娘をどこか嫁にやろうと考えていた。ある夜、夢に観音様が現れ、「加賀国の芋堀藤五郎が夫になる人だ」というお告げがあり、藤五郎に嫁いだという。ある時、大和の実家から金《きん》一袋を送ってきたが、藤五郎は「金はそんなに珍しいものではない」と言って、山に入りたくさんの金を掘ってきた――という話である。

これはあくまで伝承なので、いくらかの尾ひれがつくのはやむを得まい。

兼六園の随身《ずいしん》坂の出口から出てすぐの所に金澤神社があるが、その一角に「金城霊澤《きんじょうれいたく》」という井戸があり、これが芋堀藤五郎が砂金を洗った「金洗澤」だと伝えられる。

伝説では「砂金」を洗ったとされるが、実際は「砂鉄」ではなかったかという説もある。おそらくその辺りが落としどころだろう。

現在の金沢城公園は、もとは一向一揆の拠点であった金沢御坊で、天文《てんぶん》15（1546）年に創建された。織田信長・豊臣秀吉の一向一揆弾圧があり、その先兵をなした佐久間盛政が入城し、さらに天正《てんしょう》11（1583）年、前田利家が入り、加賀100万石の基

伝説の井戸「金城霊澤」

礎が固められた。

「金沢」という文字が資料上、最初に登場するのは天文15（1546）年、「石山本願寺日記」10月29日の条の「加州金沢坊舎」であると言われる。したがって、「金沢」という地名はそれ以前からあったことになるが、その後は「尾山」「御山」とも呼ばれていた。

ちょっと面白いのは、前田利家が治めた間は、意図的に「尾山」と使ったという。それは利家が「尾張」出身だったからともいう。

8 富山【とやま】（富山県富山市）

「外山」が「富山」に変わったわけ

雄大な立山連峰を望む、縁起のいい「富山」の地名は外の山から転訛した……。

北陸新幹線が開通したが、富山の集客力は金沢に比べるとかなり弱いというのが現状だ。私の父が富山出身なので、やや口惜しい気持ちがある。

確かに兼六園のような広大な名園はないし、近江町《おうみちょう》市場のような観光客を強引に集めてしまう場所もない。だが、富山湾から見る立山連峰は３０００メートルの落差を軽々見せて旅人を驚かせてくれる。海から３０００メートルもの山並みを望めるのは、日本広しといえども、この富山だけだ。

しかも富山湾は水深１０００メートルと言われ、その落差が４０００メートルというのも、日本列島でここだけである。

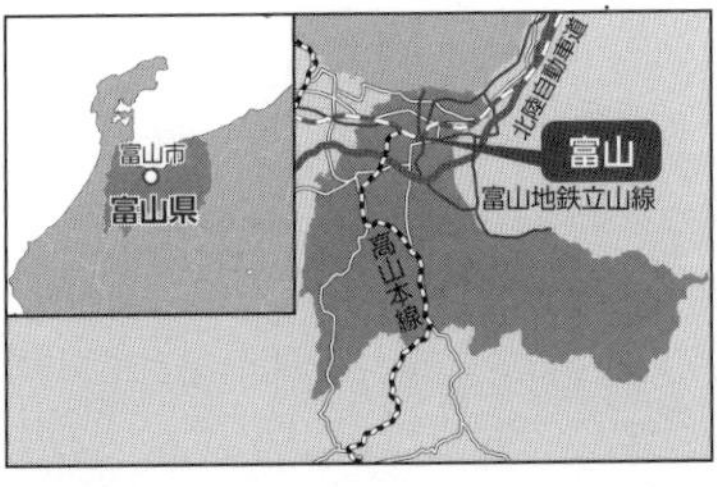

桜に彩られる現在の富山城

そこで獲《と》れる魚のうまいことは言うまでもない。ブリや白えび、そして名物の鱒《ます》の鮨《すし》など、食通にはたまらない。

さて、この「富山」も縁起のいい地名だ。「富山」の文献上の初見は応永《おうえい》5（1398）年5月3日付の『吉見詮頼《よしみあきより》寄進状』にある「越中国外山郷地頭職」であるとされる。つまり、この地は昔「外山郷《とやま》」と呼ばれていたということである。確かに今も「外山さん」という苗字の方はいる。

この「外山」という地名に関しては諸説ある。文字通り読めば「外の山」ということだが、どちらから見て「外の山」なのか。金沢方面から見て圧倒的な存在感を見せつける立山連峰なのか、あるいは「呉東《ごとう》」と「呉西《ごせい》」を分ける呉羽山《くれはやま》の外という意味なのか。

富山県は南北に走る呉羽山という低い山並みで、「呉東」と「呉西」に二分されている。鍵はこの呉羽山にありそうだ。呉東は現在の富山市から東一帯、呉西は高岡市を中心に射水《いみず》市・砺波《となみ》市・氷見《ひみ》市などの西部地区をさしている。

この「外山」がなぜ「富山」に転訛したのか。これには面白いエピソードがある。

織田信長が越前一揆を制圧し、その後佐々成政《さっさなりまさ》に富山入城を命じたのは天正《てんしょう》9（1581）年のことである。この時期にはまだ「外山」であったことは確認されている。

記録によると、佐々以降の富山城が外山の地の藤井村に建設されたこと、またその城郭を「富山寺《ふせんじ》」という寺の境内に建設したことにより、「外山」を「富山」に改めたのだという。「富山寺」はその後「普泉寺」と名を変えたが、明治の頃に元の字に改められて今も存在する。現在の富山城址から南方に位置する寺町の一角にあるが、ほとんど見るべくもなく、ひっそりとしたたたずまいだ。

富山が、金沢に一歩も二歩も譲らざるを得ない歴史的事情がある。それは加賀藩を任された前田利家の孫に当たる前田利常、次男利次に富山藩10万石、三男利治に大聖寺藩7万石を与えたことによる。つまり富山藩は加賀藩の支藩として、江戸時代を終えることになる。

加賀１００万石に対して富山藩は弟分で10万石ということになり、その意識が現代にも続いていると言えそうだ。だが、私はやはり富山を応援したい。私のルーツだからだ。

9 福井【ふくい】（福井県福井市）

「福井」のもとは「福居」だった！

日本で最も幸せな県は福井県——というやや衝撃的なニュースが飛びこんできた。北陸の福井県が日本一で、2位に富山県、3位に石川県が続いた。いわば北陸3県が金・銀・銅を独占したことになる。

平成23（2011）年、ブータン国王が来日されたことがきっかけで、「国民総生産」（GNP）ではなく「国民総幸福量（Gross National Happiness GNH）なるものが話題になった。今回のランキングはその「幸せ度」を測るためのもので、福井県が栄冠に輝いたということである。

ところが、もともと福井県は地名の観点からしても「幸せな県」であったことがわかっている。

かつて発刊した『知らなかった！　都道府県名の由来』（東京書籍、2010年）で、

幸運をもたらした柴田勝家像

私は大胆にも都道府県名のベスト10を公表した。トップは愛媛県で、『古事記』に「愛比売《えひめ》」と書かれていたことによるもので、まずこれは動かない。そして2番目に挙げたのが「福井県」であった。なぜなのか――。

福井の町を開いたのは信長の家臣・柴田勝家であった。天正《てんしょう》３（１５７５）年、越前の一向一揆を平定した信長は、この地を柴田勝家に統治させた。勝家が築城した城は「北ノ庄《きたのしょう》城」と呼ばれた。現在の福井駅から数分歩いた所にその跡が残されており、勝家の像と柴田神社が祀られている。

勝家には信長の妹に当たるお市の方が嫁いだ。二人の間に生まれた茶々・初・江の３人姉妹が戦乱の中を生き抜いた話は、ＮＨＫの大河ドラマでよく知られるようになった。しかし、柴田勝家は信長亡き後、賤ケ岳《しずがたけ》で秀吉に敗れ、最後は北ノ庄城でお市の方とともに自刃してその生涯を閉じることになる。天正11（1583）年のことだから、北ノ庄城はわずか8年の命だったことになる。

江戸時代になって越前に入府した結城秀康《ゆうきひでやす》は、今の福井城址に築城して北ノ庄の町を整備した。しかし、三代藩主松平忠昌《まつだいらただまさ》が越後高田から入った時、「北ノ庄」という地名から「福居」に変更した。なぜ「北ノ庄」を変えたのかというと、「北」という言葉が「敗北」につながるという理屈だった。

現代人の私たちには「北」が「負ける」ことに通じるという感覚はまったくないが、「北」の語源を見ると、「にげる」「そむく」とあるようだ。確かに「北」という漢字は左右の両人が背を向けてそむいた様を示している。

このような理由で「福居」にしたというのだが、これはまさしく「幸福に居住する」意味であり、「福井」のルーツは「福居」にあったのである。「福居」を「福井」に変えたのはおよそ元禄《げんろく》年間（1688〜1704年）のことだと言われている。

福井城址に建てられている県庁の裏手に「福の井」なるものがあり、それが福井の地名の由来と書かれているが、それは誤りで、福井のルーツは「福居」である。

10 高槻【たかつき】（大阪府高槻市）

高いケヤキの木があった！

大阪府の東端で、京都府との堺に接している高槻市。かつて高槻城があった場所は、現在、城跡公園になっている。「槻」という文字の謎に迫ってみよう――。

大阪方面からのＪＲの普通列車の約半数が高槻駅どまりで、快速のほとんどがこの先は各駅停車になる。もともと、高槻は大阪と京都の中間地点にあって、京都～大阪～神戸の鉄道が敷かれた時は、高槻城の跡地から資材が運ばれたという。

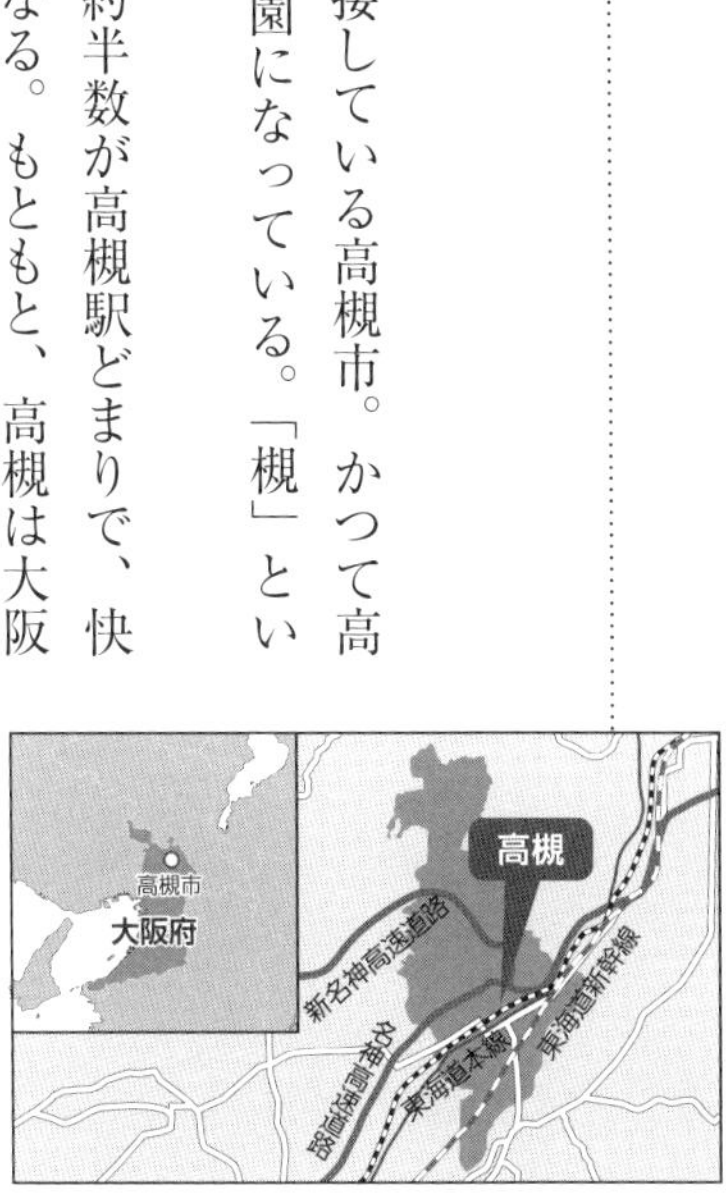

さて、この「高槻」という地名は、よく「大槻さん」という苗字に示されるように、「槻」という漢字が謎になっている。なぜ、「大槻さん」はこのような「槻」という漢字を使うのか。誰もが一度は疑問に思ったことがあるだろう。

事実、昔この地は「高月」とも書かれており、「槻」と「月」はどういう関係になっているかが問題である。

「槻」という字を漢和辞典で引いてみると、音は「キ」となっており、「にれ科の落葉高木。けやきの一種」とある。あるいは「けやきの古名」と書いてある辞典もある。つまり、この地はもともと「ツキノキ」(槻の木)が自生していた所だと推測される。

この「槻の木」は神聖な木とされ、古来弓の材料として使われてきた。さしずめ、この地には高い槻の木があったのだろう。その証しとして、高槻市のマークはこの「槻の木」をシンボルとして使っている。

同様な地名は全国にいくつもある。代表的なものは新潟県三条市にある「月岡」である。ここには「槻田神社」があり、そこには神聖な槻の木の大木があったとされる。同じ意味で、岡山県真庭《まにわ》市にある「月田《つきだ》」も槻の木があった所であった。この場合「月」はあくまでも「槻」の言い換えに過ぎない。

古来、「月」は暗がりに光を当てるありがたいものであって、人間にとっては好イメージを与えるものであった。「槻」の字が忘れられようとした時、「月」という好字に変換したものである。

阪急の「高槻市駅」から南に10分も歩くと、高槻城の「城跡公園」に出る。この辺りは昔高槻城があった所で、今の公園は昔の二の丸があった所だとされる。本丸はどこにあったかというと、その名もずばり「大阪府立槻の木高等学校」がある地点だという。「城跡公園」のすぐ隣だ。やはり、高槻は「槻の木」に発しているのだ！

この高槻城に一時居城していたのが、キリシタン大名として知られる高山右近である。右近は天《てん》正《しょう》元（1573）年に高槻城主になり、この地にキリスト教を広めた。信長の死後は秀吉に仕えて明石城主になったが、徳川時代になって禁教令によって慶長《けいちょう》19（1614）年マニラに追放され、翌年現地で亡くなっている。

城跡公園に行く右手に今もキリスト教の教会があり、信者が集っている。

教会の一角に右近の像が建てられ、当時の様子を今に伝えている。

高山右近の像が置かれている教会

11 堺【さかい】（大阪府堺市）

三つの国の境に栄えた国際都市

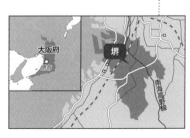

堺と言えば、大阪府では大阪市に次ぐ大都市であり、平成18（2006）年に政令指定都市となった。中世以降港湾都市として発展し、応仁の乱以降は日明貿易の拠点として栄えた国際都市である——。

町政は36人の会合衆によって自治的に運営され、江戸時代には幕府の直轄地として重要な役割を果たしていた「堺」。

そんな「堺」の由来はどんなものなのか。その謎を解き明かしてみよう。

「堺」という地名はすでに平安時代に見られる古いものだ。その由来は実に簡単で、この地が摂津国・河内国・和泉国の「堺」にあったというところからついたとされる。

市内には「三国ヶ丘」という駅名・地名もあって、これも同じ理由によっている。

「堺」という漢字分析してみよう。土はもちろん「土地」を意味している。「介」は「人」

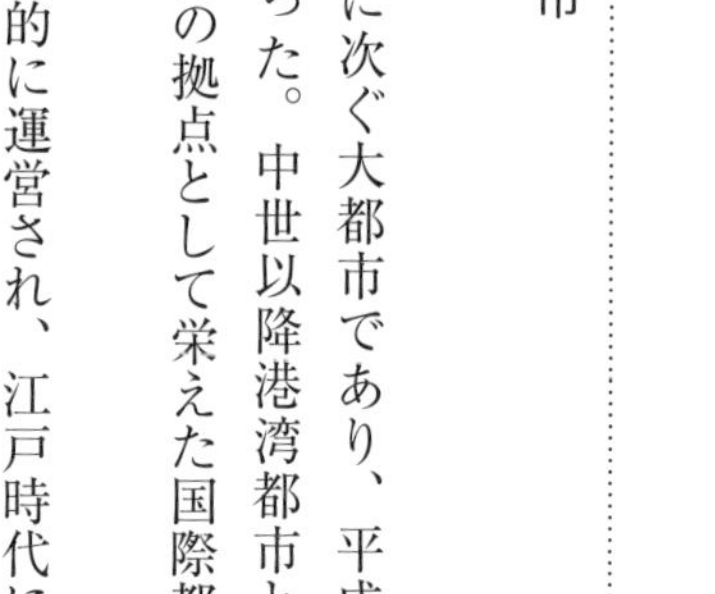

の下に「刂」がつくが、この「刂」は「左右に分かれる」ことを意味している。つまり、「介」は「人が左右に分かれる」ことを意味している。さらに、「堺」という文字には「介」の上に「田」がついている。したがって、これは人が住む土地の分岐点、つまり「堺」なのだということである。

この筋をはさんで摂津国と和泉国が分かれていた

　ところで、その三国の堺とはどこだったのだろう。はっきりしたことがわかっているわけではないが、「大小路《おおしょうじ》」という道路をはさんで摂津国と和泉国がまたがる街が形成されていたとされる。今は大小路の片隅に記念碑が建てられている。

　南海本線の「堺駅」からまっすぐ東に伸びている道路が「大小路」。しばらく行くと右手に堺警察署があるが、その前に記念碑が建てられている。

「堺」の地名の謎は、なぜ「一字」なのかということだ。読者の皆さんが住んでいる地域の名前はそのほとんどが漢字二字で表記されているはずである。それは古代におい て。朝廷が「好字二字政策」を徹底させたからである。つまり、地名は漢字二字で表記すること、そしてなるべく「佳き字」を使用すべしということである。

だから、もともと「泉」の国で十分であるにも関わらず、「和泉」と表記するようになった。「和泉雅子」のように、なぜ「和」がつくのかといった謎はこれで解ける。

ところが、なぜか、この「堺」だけはその政策から外れている。その解明はまだ行われていないが、たぶん、何らかの政治関係で例外として認められたのではないかと推測される。何しろ、この堺は三国の堺であり、大和に向かう重要な拠点であり、抜群の経済力を持っていた地域である。その解明は今後の課題。

ちょっと面白いのは、CMで有名な「サカイ引越センター」のルーツがこの堺市であることだ。昭和46（1971）年に新海商運株式会社が堺営業所を開設したことがきっかけで、昭和56（1981）年に「堺引越センター」となり、平成2（1990）年に「サカイ引越センター」と改称した。やはり、現代でも「堺」は世間をリードしている。

12 姫路【ひめじ】（兵庫県姫路市）

姫路に姫が舞い降りたのか？

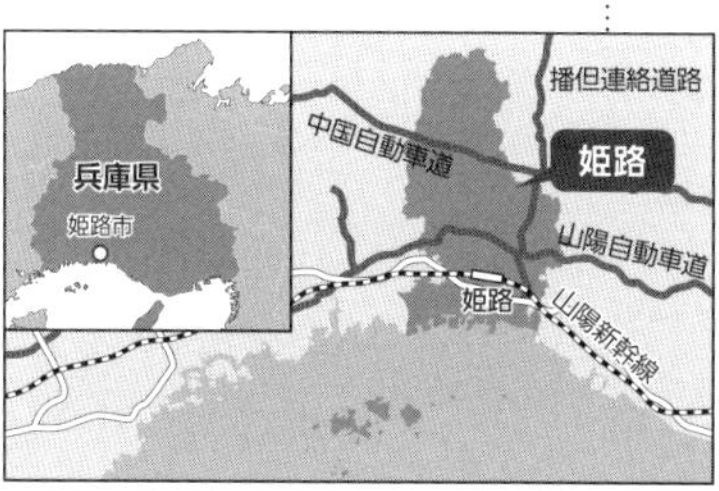

全国に「姫」のつく地名は数多くあるが、行政上の「市区町村名」で「姫」がつく地方公共団体は、本書第5章で紹介した「姫島村」（大分県東国東郡）とこの「姫路市」以外にはない。

昔、姫路に取材に行ってよくわかったことは、姫路の人々は「ひ・めじ」のように「ひ」にアクセントを置いて読むことを嫌うということだった。

姫路の人々は「平《たいら》」と同じように「ひめじ」と水平トーンで呼んでいる。

さて、この「姫路」の由来だが、古く奈良時代の最初に編纂された『風土記』の中に記されている。

現在まとまって残っている風土記は、『常陸国風土記』『播磨国風土記』『出雲国風土記』『豊後国風土記』『肥前国風土記』だが、その『播磨国風土記』に面白い話が載っている。

その昔、大汝命《おほなむちのみこと》の子、火明命《ほあかりのみこと》は行状も非常にたけだけしかった。そのため父神は、子どもを捨てようと企て、火明命が水をくみに行った際に、船を出して逃げ去ったという。水をくんで帰った火明命は怨み怒って風波をまき起こして船を打ち壊してしまった。

その時、船の壊れた所を「船丘」、波が来た所を「波丘」、琴が落ちた所を「琴神丘」、箱が落ちた所を「箱丘」、梳匣《くしげ》（櫛箱）が落ちた所を「匣丘《くしげおか》」、箕《み》の落ちた所を「箕形の丘」、甕《みか》の落ちた所を「甕丘」、稲の落ちた所を「稲牟礼《いなむれ》丘」、冑《かぶと》の落ちた所を「冑丘」、沈石《いかり》の落ちた所を「沈石丘」、藤蔓《ふじづる》の落ちた所を「藤丘」、鹿の落ちた所を「鹿丘」、犬の落ちた所を「犬丘」、そして蚕子《ひめこ》が落ちた所を「日女道《ひめぢの》丘」と呼んだ――という話である。

ここには14の丘の名前が登場するが、これらの丘が姫路市一帯に分布しているという。

これが俗に言う「姫路の一四丘」の伝承だが、問題は最後に登場する「日女道丘」という地名である。この「日女道」が後に「姫路」という香《かぐわ》しい地名になったということである。

『播磨国風土記』には「蚕子《ひめこ》が落ちた処はすなわち日女道丘とよぶ」とある。この「蚕子」という言葉の意味だが、「蚕《かいこ》」のことではないかという説が有力だ。

蚕のことを「コ」と呼ぶ地域は広く分布している。私の故郷信州では「春の蚕」のこ

新装なった姫路城は日女道丘に建つ

とを「ハルコ」、「秋の蚕」のことを「アキコ」と呼んできた。

　蚕のことを「ヒメコ」と呼ぶ地域もあり、この「蚕子」もその一つと考えていいだろう。蚕の生産力を姫という香しい言葉に重ねたのである。

　姫路城が大天守保存修理を終え、平成27（２０１５）年に雄姿を見せている。姫路城が建っているこの丘が「日女道丘」である。

13 松江【まつえ】（島根県松江市）

中国にあった古い地名から

平成27（２０１５）年7月8日、松江城が国宝に指定された。姫路城・松本城・犬山城・彦根城に次いで5番目の国宝天守閣である。

実は松江城は昭和10（１９３５）年、「国宝保存法」によってすでに国宝になっていたが、戦後の昭和25（１９５０）年、文化財保護法により「重要文化財」に格下げになってしまっていた。今回の国宝指定は「国宝復帰」と言っていいもので、だから余計に地元は嬉しいのだろう。

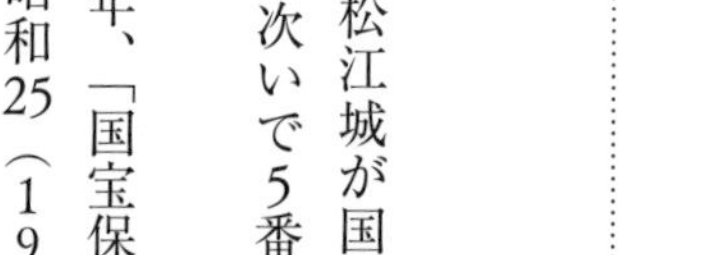

実質的に最初の城主となった堀尾《ほりお》吉晴《よしはる》は天文《てんぶん》12（１５４３）年、尾張の土豪の堀尾康晴の長男として生まれた。織田信長より9歳年下であった。堀尾氏は織田家に仕え、吉晴は16歳にして信長の岩倉城攻めに初陣として参加し、その後永禄《えいろく》10（１５６７）年、信長による稲葉山城（現在の岐阜市金華山）総攻撃の際には、裏山から潜入して難攻不

国宝に指定された松江城

落の城を落とす活躍ぶりを発揮している。

「本能寺の変」の後の山崎合戦でも活躍し、小牧・長久手の戦いでは秀吉のもとで活躍、翌年近江の佐和山城主として迎えられている。

さらに、天正《てんしょう》18（１５９０）年の小田原攻めでも武勇を奮い、ついに家康の後を継いで遠江浜松で12万石を拝領することになる。

関ケ原では東軍について、毛利氏が防府・長門に追われた後、出雲・隠岐24万石を拝領することになった。

入封当時は山城であった富田《とだ》に拠点を置いていたが、吉晴はただちに今の松江周辺に城を移すことになる。当時はすでに山城から平城に移動するのが一般的になりつつあり、いち早く吉晴はそれを実行に移したということである。

富田から松江に移ったのは慶長《けいちょう》13（1608）年だったが、城が完成したのは慶長16（1611）年だと言われる。

さて、この「松江」という地名の由来である。もともとこの地は「末次《すえつぐ》」「白潟《しらかた》」と呼ばれていたが、それを「松江」に変えた経緯を『雲陽誌《うんようし》』（1717年に完成した地誌）の記事で紹介しよう。

「城下末次、白潟の二邑を松江とご名付け給ふ事は異朝に呉《ご》といふ国に松江といへる所あり此湖《みつうみ》の中に鱸《すずき》といふ魚、蓴菜《じゅんさい》といふ水草ありて名物なり此城下宍道湖《しんちうみ》の水中にも鱸魚、蓴菜ありて名物なれは松江と名付け給ふといへり」

簡単に言えば、かつて中国の呉に松江という所があって、そこの名産だった鱸と蓴菜が共通しているので、「松江」と名づけたというのである。

確かに今でも、「宍道湖七珍《しっちん》」の一つとして鱸が名物になっている。また「じゅんさい」は秋田の名産として知られるが、本来日本各地の沼などに自生していた植物であった。

14 高知【こうち】（高知県高知市）

山内一豊が築いた街はもと「河中」だった

高い智慧《ちえ》という意味を持つ「高知」の県名は、どこから名づけられたのだろうか。

高知県ほど旧国名の「土佐」が似合っている県はない。坂本龍馬をはじめ、多くの幕末の志士たちの顔が浮かび、次にカツオに代表される豊かな食材が浮かんでくる。

ところが「高知」という県名もまた、捨てがたい魅力を秘めている。その意味を探ってみよう。

この地に高知城を築いたのは山内一豊《やまうちかずとよ》（１５４５／４６〜１６０５年）だが、その前に四国を平定していたのは長曾我部《ちょうそがべ》氏（一般的には「ちょうそかべ」だが、ご子孫によれば「ちょうそがべ」が正しいという）であった。長曾我部元親《もとちか》が岡豊《おこう》城（南国市岡豊町）に拠《よ》って四国を平定したのは天正《てんしょう》13（１５８５）年のことであった。その後関ケ原で西軍につ

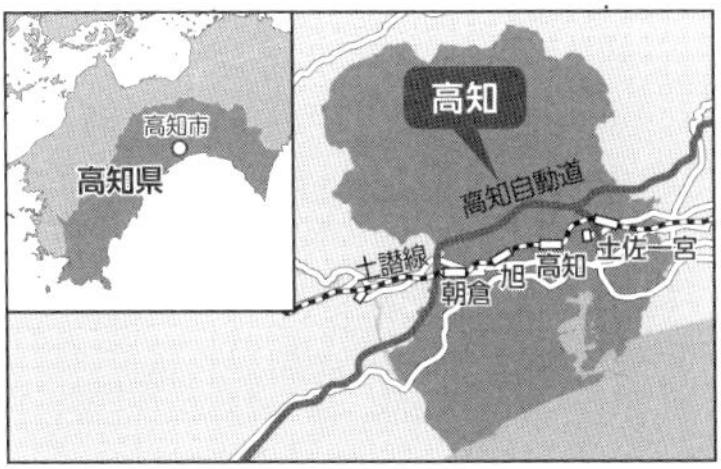

いて敗北したため、掛川城（静岡県掛川市）から山内一豊《やまうちかずとよ》が入封した。

一豊が入封するに当たって長曾我部氏の側から強烈な反発をくらい、それが土佐国の中に「上士」（山内家系統）と「下士」（長曾我部家系統）の二つの階層ができたことは周知の事実である。

実は、長曾我部氏も今の高知城の位置に築城することを考えたのだが、何せこの地域が低湿地帯だったので果たせなかった。

『南路志《なんろし》』という資料に「高知」という地名の成り立ちが書かれている。それによると、一豊公は慶長《けいちょう》6（1601）年6月、「大高坂山《おおたかさやま》」に城地を定め、2年後に本丸が完成した時、在川《ざいせん》和尚に相談したところ、「河中山《こうちやま》」でどうかという上申があった。

ところがその後、南と北を流れる川に洪水が起こったため、二代藩主忠義公が五台山《ごだいさん》の空鏡《くうきょう》上人に申し付けたところ、城地を「高知」とする上申があったので、「高知」と名づけたとある。

ここで南北の川というのは、城の南を流れる「鏡川」、北を流れる「江ノ口川」のことである。高知の城下はこの二つの川に挟まれたエリアにあり、その地形は今も変わっていない。

「河中」から「高知」に変わった高知城

五台山とは「五台山竹林寺《ちくりん》」のことで、四国八十八ヶ所霊場の第三十一番札所として知られる。本尊は文殊《もんじゅ》菩薩で日本三大文殊の一つに数えられる。

「河中」を「高知」に変えたということだが、その背景にあったのは、高知市の名刹、竹林寺の文殊菩薩だった。文殊菩薩は仏の智慧（般若《はんにゃ》）を象徴する菩薩で、そこから「高い智慧」すなわち「高知」の名前になったのだという。

高知市にはどれだけ足を運んだかわからない。おそらく自分の故郷を除けば、それに続くくらいの回数になるだろう。

そんな私でも、鏡川と江ノ口川がどこを流れているかを直《じか》に確認したのは今度の取材が初めてであった。はりまや橋周辺で食事をして駅方面に帰る時、いつも渡っていた川が江ノ口川という名前であることを初めて知った。意識がないと、こんなものかもしれない。

確かにこの川に架かる橋は地表よりかなり高い位置にある。この江ノ口川と南を流れる鏡川に挟まれた土地が「河中」であり「高知」であったのだ。

15 福岡【福岡】（福岡県福岡市）

「福岡」のルーツは岡山県だった！

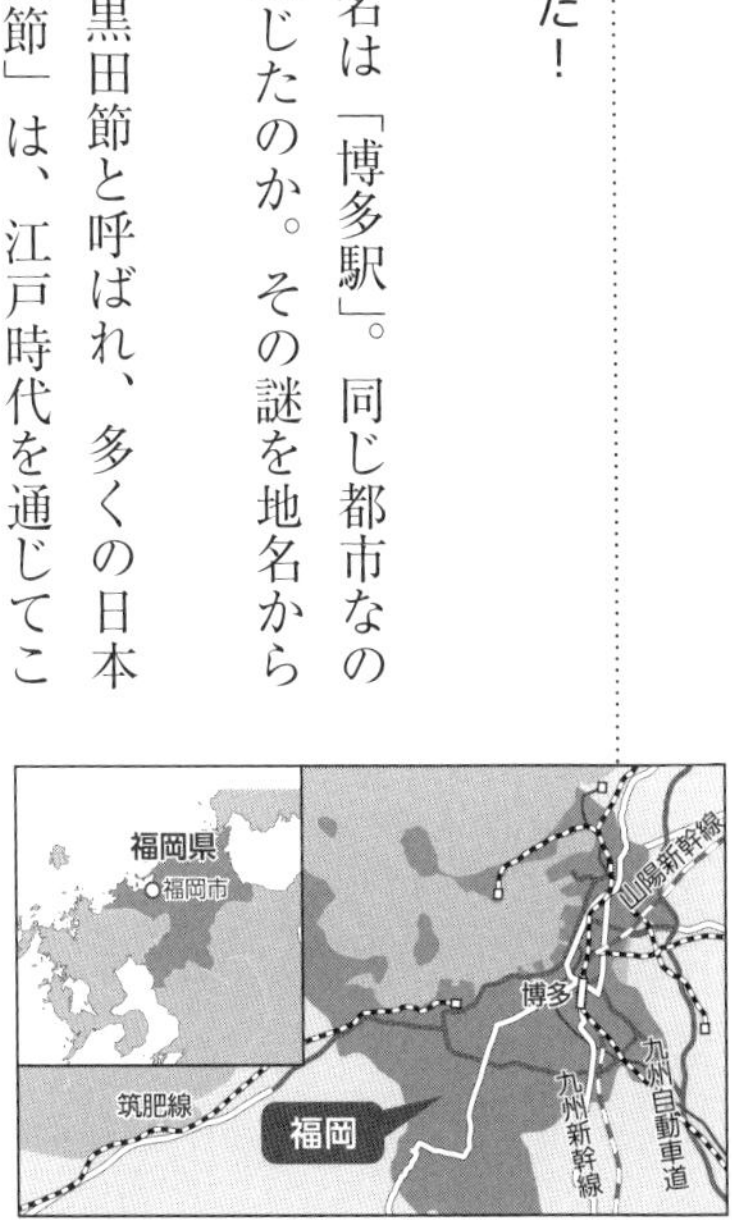

自治体名は「福岡市」、新幹線駅名は「博多駅」。同じ都市なのに、なぜこのようなねじれ現象が生じたのか。その謎を地名から解いてみよう。

「酒は飲め飲め飲むならば〜」は黒田節と呼ばれ、多くの日本人に愛されてきた歌だ。この「黒田節」は、江戸時代を通じてこの地を治めてきた黒田氏にちなんで作られた歌として知られる。

関ケ原の合戦は黒田官兵衛の息子、長政《ながまさ》の策略によって東軍に勝利をもたらしたとよく言われる。それだけこの黒田父子の功績が大きかったことになる。

長政はその軍功によって、福岡藩の初代藩主となった。それまでは豊前の十二万三〇〇〇石だったのが、一気に筑前五十二万三〇〇〇石になったのだから、大出世と言ってよかった。

当初、長政は海辺の名島城に入ったが、城域が狭く、城下町を造るのに不適とし、現在の「舞鶴公園」の「福崎」に城を築くことに決めた。黒田長政は加藤清正・蒲生氏郷《がもううじさと》と並ぶ築城の名手であった。出来上がった城は46平方キロメートルの面積を誇り、九州最大の規模で、博多湾から見た形が舞う鶴のように見えたので「舞鶴城」とも呼ばれた。

ここに福岡藩270年の歴史が始まることになったのだが、この「福岡」という藩名は何に由来するのか？　これが問題である。

実は長政は「福崎」と呼ばれていたこの地を「福岡」という地名に改称し、そこから「福岡城」という城名も誕生した。その「福岡」という地名は、黒田氏ゆかりの備前国「福岡郷」からとったものである。

黒田氏のルーツは近江源氏と言われる。近江源氏は鎌倉以降、六角氏と京極氏に分かれ、六角氏は琵琶湖の南方、京極氏は琵琶湖の北方を治めることになる。その京極家の宗清（宗満とも）が近江国の黒田村に分家して黒田氏を名乗ったという。

その後、黒田氏は、六代高政の時代に故あって京極氏を離れ、備前国《びぜんのくに》邑久郡《おくぐん》福岡村に移り住むことになった。そしてこの福岡の地が黒田氏の故郷となったのである。

したがって、現在の福岡市の地名のルーツは、備前国「福岡」にあったのである。

その「福岡」を訪ねてみた。現在は「岡山県瀬戸内市長船町《おさふねちょう》福岡」という地名になっている。

「長船」と言えば、「名刀福岡一文字派」の名刀の産地として知られるが、中世山陽道随一の賑わいを見せた市でもあった。

福岡市のルーツとなった「福岡城址」（岡山県瀬戸内市）

岡山駅から赤穂線で30分で長船駅に到着。駅から歩いて15分程度で福岡の街並みに着く。数分行った所に妙興寺というお寺があり、そこには黒田官兵衛（如水《じょすい》）の曾祖父に当たる高政のお墓がある。

街並みのすぐ裏手を流れる吉井川の河川敷にゴルフ場が広がっているが、その中にこんもりとした山が見える。これが福岡城址である。この小さな城が現在の福岡市のルーツになったことを考えると、感慨深いものがある。

16 熊本【くまもと】（熊本県熊本市）

熊本に託した加藤清正の夢

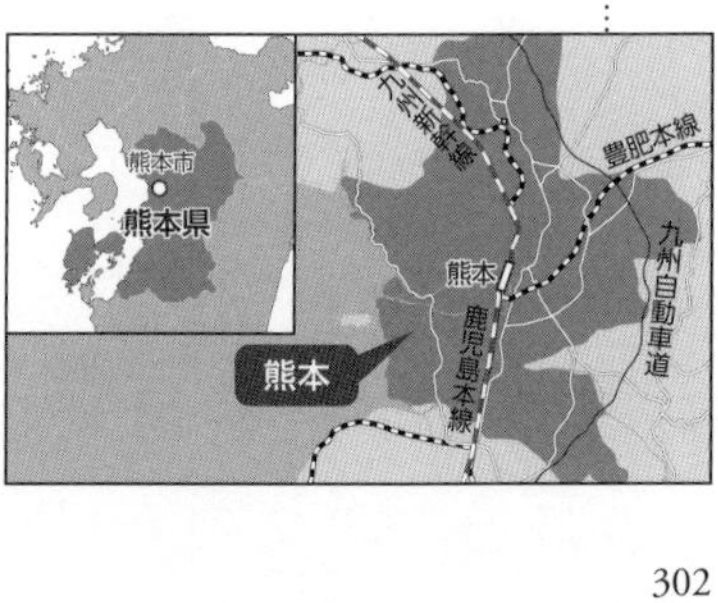

「熊本」という地名は、熊本城の初代城主となった加藤清正が命名したとされ、明確な由来と経緯がある。

「あんたがたどこさ」と訊くと「肥後さ」と答える。さらに「肥後どこさ」と訊くと「熊本さ」と答える。そして「熊本どこさ」と訊くと「船場《せんば》さ」と答える。「肥後手まり唄」のこの掛け合いは見事なものだ。

県名も市名もいずれも「熊本」で、文句のつけようがない。だが、この「熊」は曲者《くせもの》だ。全国的にも和歌山県の「熊野」や埼玉県の「熊谷」のように「熊」のつく地名は多い。そのいずれにも「熊」にちなんだ伝承が残されている。

この「熊本」に関しては明確な由来と経緯がある。熊本城の初代城主となった加藤清正（１５６２～１６１１年）による命名とされている。

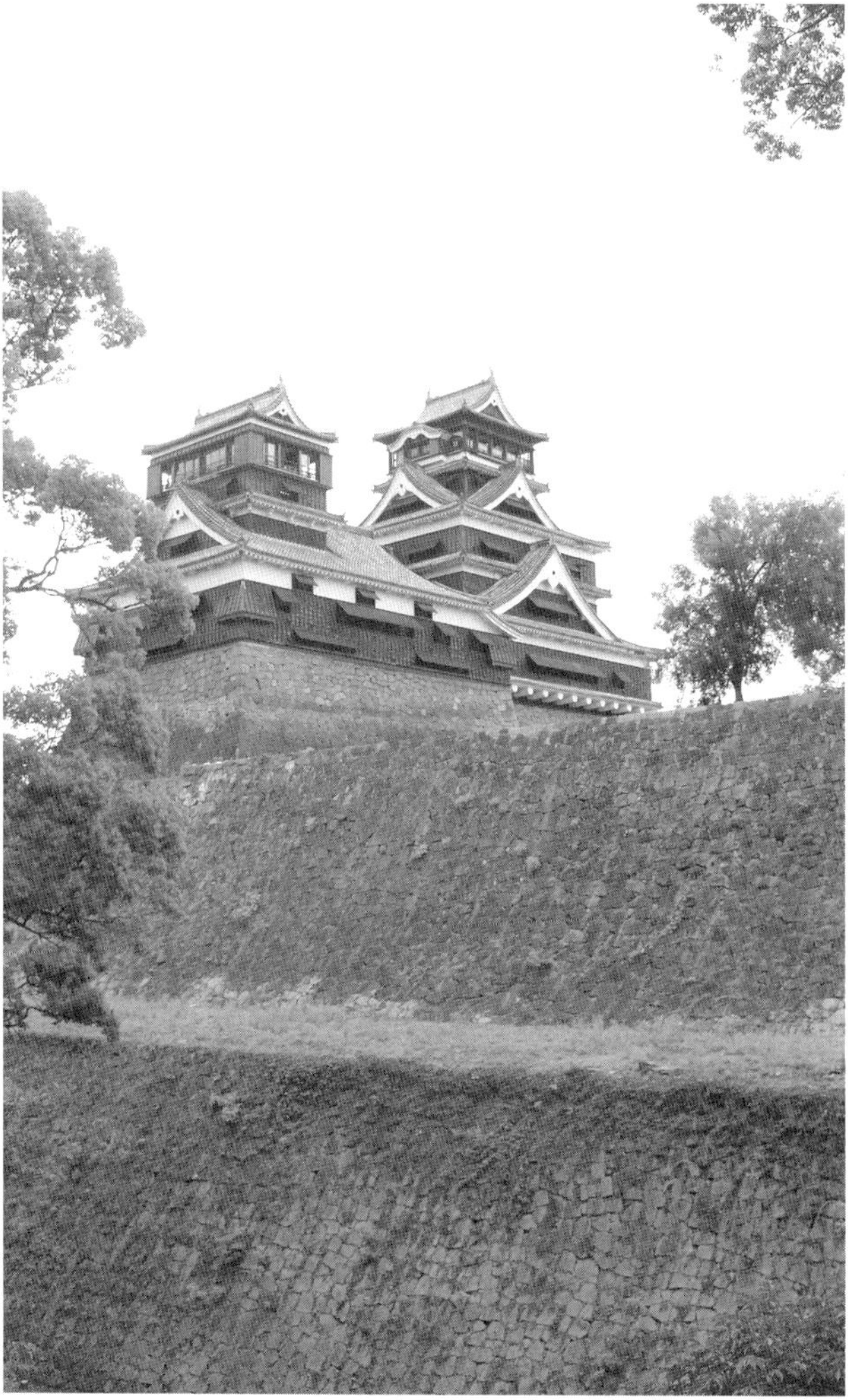

高い石垣の上にそそりたつ熊本城

加藤清正は豊臣秀吉と同じ尾張国愛知郡中村の出身で、そのこともあってか、秀吉の家臣として活躍した。本能寺の変（1582年）の後、秀吉はライバル柴田勝家を賤ケ《しずが》岳《たけ》の戦いで破るが、清正は福島正則らと並んで「賤ケ岳七本槍」の一人として勇名を馳《は》せた。

秀吉のもとに、文禄《ぶんろく》・慶長《けいちょう》の役《えき》でも大きな活躍を見せたことはよく知られている。しかし、秀吉が亡くなると、福島正則らと組んで石田三成を襲うなどして、やがて関ケ原では徳川家康側につくことになる。加藤清正が肥後守に任ぜられたのは、家康が征夷大将軍に就任した慶長8（1603）年のことである。そして熊本城を完成させた慶長12（1607）年に、それまで使われていた「隈本」を「熊本」に変えたというのである。『熊本城』という小冊子（復刊47号）に、清正が「隈という字は阝（こざとへん）に畏《かしこ》まると書き、武将の城としては不適当である。勇猛な熊の字に変えよ」と命じたくだりが書かれている。（鈴木喬《たかし》『隈本城から熊本城へ（一）』）

もともと「隈」は川や道が湾曲して入り組んでいる所、奥まって隠れた所、辺鄙な所などの意味であり、確かに、そう元気の出るような地名ではない。そこで清正は「熊本」に変えたのであろう。

熊本は現在でも阿蘇から流れる白川の曲流する位置にあり、そこから「隈本」という地名が生まれたという説は説得力がある。

しかし、個人的にはもう一つ勝手な推測をしている。「隈」には「眼の下の隈」のように、「濃い色と薄い色。光と陰などの接する部分。また、濃い色や陰の部分。陰影」（『大辞林』）といった意味がある。

熊本というと、こんなイメージが私にはある。それは植生によるもので、特に楠木《くすのき》によるものだと勝手に解釈している。

昔から数知れず熊本を訪れているが、いつも感じていたのは、「暗い」というより「黒い」というイメージがあることだ。特に夏場に行くと、楠木の黒と明るい光の交錯が見事なコントラストを見せている。

尾張出身の清正には、当時の「隈本」が黒くイメージされたのではなかったか。憶測の域を出ないが、関東に住む私から見ると、どうしても楠木の黒さが気にかかる。

17 豊見城【とみぐすく】（沖縄県豊見城市）

祈りの場とも、戦いの砦とも

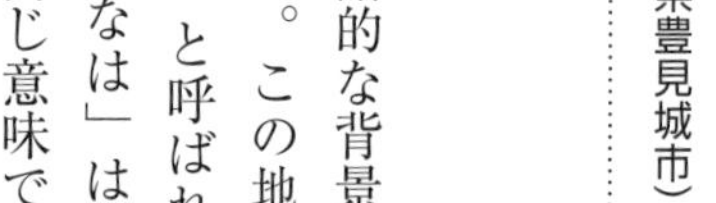

沖縄の地名の難しさは、その言語的な背景によるものだが、そのもとを正せば、歴史的経緯にある。この地域はもともと「琉球国」であり、日本側からは「沖縄」と呼ばれてきた。「おき」とは「大きい、沖」という意味で、「なは」は「漁場《なば》」のことだと言われている。県都の「那覇」も同じ意味である。

沖縄の「豊見城」というと、どうしても「とみしろ」と読んでしまう。それはかつて甲子園を沸かせた「豊見城高校」のイメージが強烈に残っているからだ。

だが、この「豊見城」、沖縄では正式には「とみぐすく」と読む。内地の人たちには読めないということもあって、沖縄県立「豊見城高校」「豊見城南高校」はいずれも「とみしろ」と読むことになっている。

ところが、豊見城市立「豊見城中学校」は「とみぐすく」であり、同じ市立の「豊見

祈りの場だった豊見瀬御嶽《とみせうたき》（豊見城城址公園）

城小学校」は「とみしろ」である。同じ市でありながら、何とも不思議な現象ではある。「グスク」は通常「城」という漢字があてがわれることが多いが、一般には、①聖地拝所説、②城《しろ》説、③集落説などがその由来とされている。

沖縄では12～15世紀頃が「グスク時代」と呼ばれ、13世紀には富と権力を手にした支配者が現れ、各地に砦としてグスクを築き、その数は16世紀になると３００を超えたと言われている。

豊見城市にもかなり大規模なグスクがあり、そこからこの「豊見城《とみぐすく》」という地名も生まれた。

豊見城市は那覇市の南に位置し、那覇

市のベッドタウンとして躍進している。「成長力ランキング」では全国でも近年トップを争っており、平成18（２００６）年、平成22（２０１０）年には全国1位になっている。

両市の境をなしているのが国場《こくば》という川で、その川を見下ろすようにそびえているのが豊見城である。普段は入れないということだったが、特別の許可を得てグスクの中に入らせていただいた。眼下にラムサール条約登録地の「漫湖《まんこ》」が広がり、マングローブの群生が見られる。その向こうには那覇市が遠望できる要害の地である。

琉球には14世紀から15世紀前半にかけて、北山《ほくざん》、中山《ちゅうざん》、南山《なんざん》という三つの勢力が覇を競っていた。この豊見城は南山の最北端に位置する砦である。

三山を統一したのは尚巴志《しょうはし》という人物で、ここに「琉球王国」が成立した（１４２９年）。那覇はその都として、日本、中国、朝鮮との交易で大いに栄え、国際都市として知られていった。

17世紀に入ると、薩摩藩の支配下に置かれ、近代から現代においては沖縄戦に至るまで、苦渋の歴史を背負わされることになる。

この豊見城市には、沖縄戦で２０００人以上の兵士が自決したという旧海軍司令部壕が保存されている。沖縄の人々の平和を願う気持ちに深く打たれた。

◎巻末資料◎

地名の成り立ちと変遷

柳田國男は『地名の研究』（1936年）の中で、「地名とはそもそも何であるかというと、要するに二人以上の人の間に共同に使用せらるる符号である」とその本質を説いている。つまり、複数の人が共同生活を営むとなると、そこには必ず共通のコードを有した地名が必要になることを示唆している。

日本列島にいつ頃人が住み着くようになったかは定かではないが、紛れもない事実は、その時点から地名は存在していたということである。

注目すべきは、それ以降漢字が大陸からもたらされるまでは「音《おん》」で伝えられてきたということである。

我が国への漢字の本格的な輸入は5、6世紀のことだが、このことによって地名は文字として記録され伝えられるようになった。

大化の改新（645～50年）以降、唐の制度にならって我が国では律令制が敷かれ、全国の区分も五畿七道とされた。地方の行政区分は大宝令に国郡里制が敷かれたが、

740年以降は「国郡郷」に統一された。つまり、国の中に複数の郡《こおり》があり、さらにその郡は複数の郷《さと》から成り立つという構造になっていた。その最小単位の郷は50戸を目途としていた。

「好字令」を経て地名が二文字となる

奈良時代に入って元明天皇は各国の風土記を編纂することとし、和銅《わどう》6（713）年「畿内と七道諸国の郡・郷の名称は、好《よ》い字をえらんでつけよ」という勅命を出した。これは「好字令《こうじれい》」と呼ばれるものだが、この前後から平安時代にかけて、「二字政策」も併せて実施され、「好字二字政策」として呼ばれてきた。

その結果、旧国名レベルで言えば、倭国《やまと》→大和国、木国《き》→紀伊国、泉国→和泉国、科《しな》野《の》国→信濃国、などと整備されていった。これら律令時代の地名は平安時代中期に編纂された『和名類聚抄《わみょうるいじゅしょう》』（『和名抄』）に収録されている。この「好字二字政策」の影響は現代に引き継がれており、現代でもほとんどの地名が二文字なのはそのためである。

律令時代の国名や郡名は形式的には明治に至るまで踏襲されていくが、郷名に関わる地域名は律令体制の崩壊とともに大きく変わっていく。

鎌倉時代後半になると、畿内を中心にして荘園などの内部に農民たちの自立的・自治的な「村」をつくる動きが始まる。これを「惣村《そうそん》」と呼んでいる。

農民たちが「群れ」をなして集落共同体を運営していったところから、その「群れ」が「村」になったと言われている。農民たちは神社の祭礼、農業の共同作業の他、戦乱に対する防衛などの団結力を強めていった。

このような「村」の動きは南北朝期から戦国時代にかけて全国に広がり、豊臣秀吉の検地や刀狩りなどを経て、近世の村へと編成されていくことになる。

重要なことは、このようにして成立していった村の名前が近代以降の地名の原型となったことである。

廃藩置県により国名廃止、現在の都道府県が成立した

明治時代に入って、1000年以上続いた律令時代の国名が廃止されて現在の都道府県制が実現することになる。

明治2（1869）年の「版籍奉還」（土地・人民を朝廷へ返還する政策）を経て、明治4（1871）年7月に「廃藩置県」が行われた。

廃藩によって3府302県ができたが、余りに多いということで、同年11月までに3府72県にまで統廃合された。

しかし、それ以降もそれぞれの地域の名称は紆余曲折を繰り返し、明治の中頃になってようやく現在の都道府県名が確定することになる。

近代の地名の歴史上特に重要な役割を果たしたのが、明治22（1889）年に施行された「市制・町村制」である。これによって江戸時代から続いてきた村々が統合された。

およそ300戸から500戸を目途に統合したもので、この大合併によって、それまで、7万1314あった町村数が1万5820に激減した。この市制・町村制によって確定した行政名が現在の市町村名の原型となっている。

戦後になって市町村合併はさらに進み、昭和28（1953）年の「町村合併促進法」は人口8000人以下の町村を合併させるものであった。

昭和37（1962）年の「住居表示に関する法律」では、主に都市部の町名を「□□三丁目3番7号」といった形に変更した政策であった。これによって古来伝えられてきた多くの地名が消えた。

　そして、平成11（1999）年から平成22（2010）年にかけて行われた平成大合併である。歴史的評価はこれからだが、都市部への一極集中が進み、周辺部は衰退するという現象を生んでいる。

あとがき

本書を手に取っていただきありがとうございます。――こんなに素直に読者の皆さんに感謝の言葉を伝えようとしている自分に驚いています。それは本書が私の力を超えた実に多くの皆さんのサポートによってできた本だからです。

「まえがき」で本書が「幻の一冊」から「奇跡の一冊」に転じたと述べましたが、「奇跡」という言葉が浮かんだのはALSの重篤患者である自分がこのような本を出版できたこと自体が奇跡だからです。

ALSという病気は全身の筋肉が動かなくなる難病で、原因は不明、したがって治療法もありません。発症してすでに3年半――手足はほぼ動かない。本のページを繰るどころか紙1枚動かすこともできない。それが実態です。もちろんペンで文字も書けません。

それを「手助け」してくれたのは妻と、毎日日替わりで訪問してくれる十数名のヘルパーさんたちでした。まず感謝しなければならないのは妻をはじめ私の「手足」としてアシストしてくださった皆さんです。私は手足が動かないという障害の上に、人工呼吸器をつけているため発声することができません。「そこの本を取ってくれ」というメッセージは通常はほんの1・2秒で済む話ですが、私の場合は何分もかかることがあるのです。

こう考えてくると、私のようなALSの重篤患者が1冊の本を出版することはほとんど不可能なのです。でもそれが実現できた！　私にはこれは「奇跡」のように見えるのです。

この奇跡を生んだのは川畑慈範前東京書籍社長と千石雅仁社長の決断だったのですが、実際は編集を担当いただいた同社の内田宏壽氏とスタッフの皆さんのご尽力によるものでした。ありがとうございました。

本書に収録した記事の多くは雑誌『BAN』（全国の警察職員向け月刊誌・株式会社教育システム発行）に連載した「地名番外地」と、全国商工新聞（全国商工団体連合会発行）に連載した「地名のルーツを追って」から選んだものですが、それぞれを選んだ確たる根拠があるわけではありません。ということはこれ以外に書いた記事は多数あるということです。

全国商工新聞の連載は倒れる直前のことですが、『BAN』の方は平成18(2006)年から平成31(2019)年まで実に13年のロング連載となりました。その間10年近くもお世話になったのが当時編集長を務めておられた曽田整子さんです。現在は同誌を発行している(株)教育システムの顧問を務めているとのことですが、本書の刊行を一番喜んでくれるのは曽田さんではないかと思います。

曽田さんは私が倒れた時には退職されていましたが、連載が途切れた時「先生が回復されたらいつでも復帰できるように編集部に伝えてあります」とメールが入りました。長年の汗が涙に変わった瞬間でした。本当に本当にありがとう!

商工新聞の瀧澤うた子さんには連載「地名のルーツを追って」の最終回(第50回)でお世話になったことが記憶に残っています。取材依頼を受けて和歌山県を回って翌日大阪で合流。個人経営の書店ながら文化活動の拠点として頑張っている隆祥館書店2代目店主二村《ふたむら》知子さんとの対談を仕掛けてくれたのです。対談のタイトルは最終的に「地名のルーツを追って　地名探偵の旅に出る」でした。うまくつけたものです。その一部を紹介します。

二村　地名を研究する上でのポリシーってありますか。

谷川　何のために地名を研究するか、ということですね。僕は、そこに生きる人たちに土地の良さを発見してほしいと思ってる。（中略）地名を知ることは、自分のアイデンティティー、自分自身を発見していくことにつながる。「ここに生まれて良かった」と多くの人が感じて、愛着を持ってほしい。地域が疲弊する今だから、その気持ちは強くなっていますね。

二村　今はうわべの情報が多くて、それに流されがち。本を読んで、これは本当のことが書いてあると思うと、読者に伝えたくなります。谷川さんは、現地の息遣いを教えてくれる貴重な作家さんです。

谷川　僕の場合は、地名をつけた犯人を捜すような感じで研究してるからね。探偵と一緒。文献で調べて、現地に行っては石をひっくり返したりして（笑）。

（全国商工新聞　２０１８年12月17日付）

確かに私の地名人生などこんなものだったのでしょう。でもこの一節を読んでいただければ、本書の趣旨をよりご理解いただけると思います。ただ正直に告白すると、この対談時にはすでに立っているのもままならぬほど病魔は私に迫っていたのでした。

私は2年前ＡＬＳを宣告された時、絶望のどん底に突き落とされながらも「生きる」を選びました。どんな苦境に立たされても、「絶望さえしなければ夢はつながる！」「できることは必ずある！」

本書の隠れたメッセージです。――ありがとうございました。

著者

谷川彰英　地名関連著作一覧

1984年
『地名に学ぶ 身近な歴史をみつめる授業』黎明書房　4月

1987年
『地名教室 東葛飾を歩く』ニューファミリー新聞社　8月

2002年
『地名の魅力』白水社　3月
『京都 地名の由来を歩く』（ベスト新書）KKベストセラーズ　11月

2003年
『東京・江戸 地名の由来を歩く』（ベスト新書）KKベストセラーズ・6月

2004年
『地名の魅力』（白水Uブックス）白水社・10月

2005年
『死ぬまでにいちどは行きたい六十六ヵ所』（新書y）洋泉社・11月

谷川彰英　地名関連著作一覧

２００８年
『「地名」は語る―珍名・奇名から歴史がわかる』（祥伝社黄金文庫）祥伝社・3月

２００９年
『大阪「駅名」の謎―日本のルーツが見えてくる』（祥伝社黄金文庫）祥伝社・4月
『京都奈良「駅名」の謎―古都の駅名にはドラマがあった』（祥伝社黄金文庫）祥伝社・10月

２０１０年
『奈良 地名の由来を歩く』（ベスト新書）KKベストセラーズ・4月
『知らなかった！ 都道府県名の由来』東京書籍・9月

２０１１年
『東京「駅名」の謎　江戸の歴史が見えてくる』（祥伝社黄金文庫）祥伝社・2月
『名古屋 地名の由来を歩く』（ベスト新書）KKベストセラーズ・10月

２０１２年
『地名に隠された「東京津波」』（講談社＋α新書）講談社・1月
『ジュニア都道府県大図鑑 ジオ』監修・学研プラス・8月
『名古屋「駅名」の謎「中部」から日本史が見えてくる』（祥伝社黄金文庫）祥伝社・9月

２０１３年
『地名に隠された「南海津波」』（講談社＋α新書）講談社・3月

『東京「地理・地名・地図」の謎』（じっぴコンパクト新書）監修・実業之日本社・5月
『信州　地名の由来を歩く』（ベスト新書）ＫＫベストセラーズ・7月
『大阪「地理・地名・地図」の謎』（じっぴコンパクト新書）監修・実業之日本社・9月
２０１４年
『地名と地理の謎がわかる！　東京の歴史地図帳』（別冊宝島）宝島社・5月
『東京・江戸　地名の由来を歩く』（ワニ文庫）ＫＫベストセラーズ・9月
２０１５年
『47都道府県　地名由来百科』丸善出版・1月
『京都　地名の由来を歩く』（ワニ文庫）ＫＫベストセラーズ・2月
『戦国武将はなぜその「地名」をつけたのか？』（朝日新書）朝日新聞出版・12月
２０１６年
『地図と地名に秘められた北海道の暗号』監修・宝島社・4月
『千葉　地名の由来を歩く』（ベスト新書）ＫＫベストセラーズ・10月
『地図に秘められた「東京」歴史の謎』（じっぴコンパクト文庫）実業之日本社・10月
『地図に秘められた「大阪」歴史の謎』（じっぴコンパクト文庫）実業之日本社・10月
２０１７年
『埼玉　地名の由来を歩く』（ベスト新書）ＫＫベストセラーズ・8月

２０１８年
『「六本木」には木が6本あったのか？　素朴な疑問でたどる東京地名ミステリー』（朝日新書）朝日新聞出版・３月
『カラー版 重ね地図で読み解く京都１０００年の歴史』（宝島社新書）　監修・宝島社・６月

２０１９年
『一生に一度は行きたい 京都の寺社１００選』（ＴＪＭＯＯＫ）監修・宝島社・７月

○地名関連連載一覧

「わが街 地名の由来」「千葉探訪 地名の由来」　ニューファミリー新聞 １９８４年９月～１９８７年10月（全78回）
「谷川教授の地名学」　『コミックアルファ』　１９９８年４月～１９９９年９月（全35回）
「地名を旅する」『漢九郎』（『サンデー毎日』増刊）　２００４年１月～２００４年12月（全12回）
「地名番外地」『ＢＡＮ』（全国の警察職員向け月刊誌）２００６年６月～２０１９年４月（全１５５回）
「達人に訊け！ 谷川彰英の地名に隠された名古屋の魅力」中日新聞Ｗｅｂ ２０１２年５月～２０１３年６月（全38回）
「地名のルーツを追って」　全国商工新聞 ２０１７年12月～２０１８年12月（全50回）
「水害と地名の深～い関係」　毎日新聞特設サイト「ソーシャルアクションラボ」　２０１９年12月～

「日本列島 地名の謎を解く―地名が語る日本のすがた」初出一覧

商工→全国商工新聞（全国商工団体連合会発行）／BAN→月刊BAN（株式会社教育システム発行）

第1章 聞いてびっくり ユニークな地名

1宮本武蔵・商工第25回／2南蛇井・商工第49回／3極楽・商工第9回／4輪島・商工第21回／5己斐・商工第10回／6桑原町・商工第27回／7おとめ山・商工第45回／8男女川・商工第44回／9向津具・商工第6回／10半家・商工第1回／11浮気・商工第2回／12十八女・商工第3回／13乳頭温泉・商工第8回／14吉里吉里・商工第23回

第2章 動物が地名をもたらした

1飛鳥・商工第17回／2熊谷・書き下ろし／3鵠沼・商工第24回／4犬山・BAN第69回／5亀有・BAN第34回／6猫実・書き下ろし／7狙半内・BAN第127回／8虎姫・BAN第18回

第3章 都会で気になる地名の謎

1青山・商工第39回／2代々木・BAN第145回／3梅田・BAN第27回／4針中野・BAN第26回／5立売堀・商工第13回／6関内・BAN第48回／7国分町・商工第43回／8二階堂・商工第41回／9雪ノ下・商工第42回／10新宿・BAN第101回

第4章 数字の示す意味は？

1三田・BAN第59回／2五箇山・BAN第29回／3六本木・商工第29回／4七五三引・BAN第153回／5八景水谷・BAN第97回／6九度山・商工第18回／7十三・書き下ろし／8十八成浜・BAN第120回／9千日前・商工第30回

第5章 伝説を今に伝える地名

1姫島・商工第37回／2及位・商工第5回／3東尋坊・BAN第60回／4鉄輪温泉・商工第22回／5鬼無里・商工第7回／6鴻巣・書き下ろし／7姨捨・書き下ろし／8走水・書き下ろし／9女化・商工第4回／10鬼首・商工第28回／11不来方・BAN第96回

第6章　古代史をたどる地名の由来
1不知火・BAN第98回／2埼玉・BAN第100回／3安房・BAN第99回／4間人・BAN第36回／5安曇野・BAN第64回／6宍道湖・BAN第81回／7金華山・BAN第119回／8善光寺・商工第31回／9比叡山・BAN第104回／10太秦・書き下ろし

第7章　武人たちの鼓動を伝える地名
1鵯越・BAN第45回／2蹴上・書き下ろし／3相去・BAN第82回／4桶狭間・書き下ろし／5安土城・BAN第107回／6関ケ原・BAN第102回／7巌流島・BAN第11回／8田原坂・BAN第40回

第8章　北海道開拓がもたらした地名
1知床・BAN第5回／2幸福駅・商工第11回／3定山渓・BAN第86回

第9章　都市名に隠された歴史
1仙台・BAN第56回／2会津若松・商工第35回／3平塚・BAN第154回／4松本・BAN第38回／5名古屋・BAN第63回／6岐阜・BAN第53回／7金沢・商工第32回／8富山・BAN第110回／9福井・BAN第70回／10高槻・BAN第35回／11堺・BAN第36回／12姫路・商工第38回／13松江・商工第33回／14高知・BAN第116回／15福岡・BAN第112回／16熊本・BAN第113回／17豊見城・商工第20回

巻末資料　地名の成り立ちと変遷
『一個人』（2021年5月号増刊）「日本は『地名列島』である―地名の成り立ちと変遷」KKベストセラーズ

写真提供

著者（谷川彰英）
Aflo（アフロ）
時事通信社
（有）レイルウェイズ グラフィック
（一社）伊勢原市観光協会（第4章・4「五霊神社」）
熊本市観光政策課（第4章・5「八景水谷公園」）
北上観光コンベンション協会（第7章・3「南部領伊達領境塚」計2点）

著者　谷川彰英（たにかわ　あきひで）

1945年長野県松本市生まれ。ノンフィクション作家（地名作家）。筑波大学名誉教授。柳田国男研究で博士（教育学）の学位を取得。教育学者として千葉大学に赴任して地名研究を始めた。筑波大学に移って理事・副学長を務めた期間も地名に関する本を書き続けた。2009年の退職を機にノンフィクション作家（地名作家）に転じ、多くの地名本を出版するとともにＮＨＫの「日本人のおなまえ」に出演するなど第２の人生は順調に進んでいるかに見えた。だが2018年２月体調を崩し翌19年５月ＡＬＳ（筋萎縮性側索硬化症）の宣告を受ける。代表作に『京都地名の由来を歩く』に始まる「地名の由来を歩く」シリーズ（ベスト新書、全７冊）などがあるが、闘病記『ＡＬＳを生きる　いつでも夢を追いかけていた』（東京書籍）もある。

装丁　　長谷川 理
編集協力　牧屋　研一
編集　　内田 宏壽（東京書籍）

日本列島《にほんれっとう》 地名《ちめい》の謎《なぞ》を解《と》く
―地名が語る日本のすがた―

令和三年一〇月一日　第一刷発行

著者　谷川彰英《たにかわあきひで》

発行者　千石雅仁

発行所　東京書籍株式会社
〒一一四-八五二四 東京都北区堀船二-一七-一
電話 〇三（五三九〇）七五三一（営業）
〇三（五三九〇）七五三四（編集）

印刷・製本　図書印刷株式会社

https://www.tokyo-shoseki.co.jp
ISBN 978-4-487-81526-5 C0095